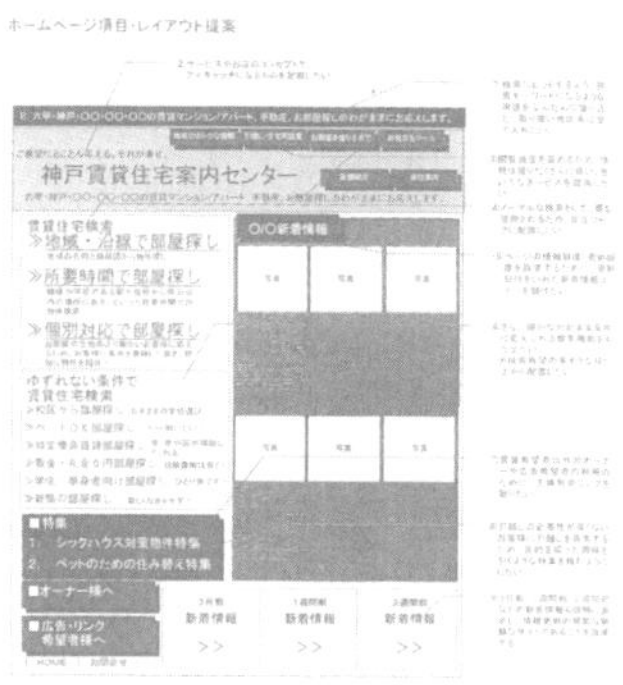

シミュレーション

→

施工後

賃貸不動産専門店　90日間売上・1500万円

目標 来店客数300組×アンケート記入90%×案内率

	来店客数（目標：300	
	新規顧客	リピート:紹介顧客
目標	250組	50組
10月 売上 500万円	**店頭看板・完成** シミュレーションに基づく看板 地域No.1の物件情報を掲示 **ホームページ開設** 購入動機を一番化する SEO対策を施す	**お礼状を実施** 規格のものにひとことメッセ- をそえて即日発送する
11月 売上 500万円	**チラシ・ポスティング** 目標　5000枚／月 ラフ案に基づいて作成 **店内の雰囲気で集客** 店内照明を1000ルクス以上へ 自由閲覧システムがひと目でわかる	**TELフォロー** 在宅時間・決定権者を確認の 1～2週間後TEL
12月 売上 500万円	**季節感のある店頭作り** 10・11月は、紅葉・どんぐりetc 12月は、クリスマス	**ダイレクトメール発送** 未来店客に対して、1ヶ月後新 物件の情報を載せて送る **情報誌を発送** 成約顧客に対して、「売り」の 周辺地域情報を載せたDM発
実績 10月	組	
実績 11月	組	
実績 12月	組	

JN303998

自分でつくる!

船井総合研究所　中西正人
Nakanishi Masato

90日で売上を1.5倍にする
Let's make the marketing plan for myself
マーケティング計画

「売上アップのための設計図」を描こう!!

同文舘出版

はじめに

本書を手に取っていただき、本当にありがとうございます。

ところで、みなさんは「赤ひげ先生」をご存じでしょうか？

作家・山本周五郎の小説『赤ひげ診療譚』に登場する医師・新出去定のニックネームです。黒澤明監督が映画化したことでも有名です。

優れた腕がありながら、権威にこびることなく、市井の町医者として庶民のために反骨の生涯を貫いた医師です。

私は「赤ひげ先生」のような経営コンサルタントを理想として、心・技・体のうち、体（資本力）はともかく、心と技を大切にする中小の会社・事業所の「業績を上げること」「なりたい姿に近づけること」に徹底してこだわって、経営支援を行なっています。

本当の名医とは、必要以上の薬を使わず、必要以上の検査・手術を行なわず、必要以上の診療回数を重ねず、患者さんへの金銭的・体力的負担を最小限にして健康体にすることのできる人ではないでしょうか？　コンサルタントも、できるだけ安い料金でクライアントに無理をさせず、最大の効果をもたらしてこそ本当の価値があると信じています。

「自分でつくる　90日で売上を１・５倍にするマーケティング計画」は、私のこのような考え方から生み出された業績アップ手法です。

すべての会社や事業所が、高額なコンサルティング料金を払える余裕があるわけではありません。私は、少しでも多くの方に最小限の負担で最大限の効果を発揮してもらえるようにするため、業績アップに最も寄与すると思われる「急所」を見つけ出し、通常、毎月訪問しなければならないところ、１回の訪問で２～３ヶ月先までのマーケティング計画をクライアントとともに作り上げます。また、それに対応したチラシ、ＤＭ、企画書、帳票類、営業トークなども、すべて作ります。

これによって、年間のコンサルティング料金が、約３分の１ですむようになります。

そして最終目的は、クライアントが自らの力で、業績を上げることができるようにすることにあります。

本書は、このような方針によってコンサルティングを実施してきた事例を中心に、誰もが「マーケティング計画」を作り、簡単に業績アップができるよう、体系的にまとめたものです。

私の頭のなかには「売上アップのための設計図」が存在しています。本書では、それをそのまま目次に反映させています。つまり、自分の持っている経営資源である「商品」「販促」「店舗」「人」が、「新規」「既存」それぞれのお客様に対して、具体的にどのような働きかけを行なっていくのかというマトリックスに基づいて、売上・利益を作る方法を組み立てていきます。

この本が、１人でも多くの方のお役に立てることを願ってやみません。

私は、「赤ひげ先生」のような経営コンサルタント・経営参謀を目指して、本書の出版を機に、もっともっと「クライアントの業績を上げること」「クライアントの幸せに役立つこと」の本質を追求していきたいと思います。

最後に、本書を世に送り出すにあたりたいへんお世話になった、有限会社経営コンサルティングアソシエーション代表取締役・宮内亨さん、変わり者の私を温かく見守ってくれている株式会社船井総合研究所・小山政彦社長、高島栄専務、小野達郎部長、唐土新市郎部長、そしてご支援先、勉強会メンバーの皆様、面白おかしく私を支えてくれる家族、親戚、同僚、後輩、友人たちに、心からの感謝を表したいと思います。

２００５年１月

中西　正人

目次

自分でつくる！　90日で売上を1・5倍にするマーケティング計画

2章 商品で新規顧客を呼び込む方法

3章 商品で既存顧客を引きつける方法

4章 販促で新規顧客を呼び込む方法

6章 店舗で新規顧客を呼び込む方法

7章 店舗で既存顧客を飽きさせない方法

8章

人で新規顧客を呼び込む方法

9章 人で既存顧客を固定化する方法

資料編 90日間売上アップ行動計画のサンプル

本書の構成

<売上アップのための設計図>

1章	90日間で売上を1.5倍にするマーケティング計画を作ろう！

<table>
<tr><td colspan="2" rowspan="2">関わり方の具体的事例</td><td colspan="2">お客様</td></tr>
<tr><td>新規顧客</td><td>既存顧客</td></tr>
<tr><td rowspan="4">自分</td><td>商品</td><td>2章</td><td>3章</td></tr>
<tr><td>販促</td><td>4章</td><td>5章</td></tr>
<tr><td>店舗</td><td>6章</td><td>7章</td></tr>
<tr><td>人</td><td>8章</td><td>9章</td></tr>
</table>

資料編	90日間売上アップ行動計画のサンプル

カバーデザイン　齋藤　稔
本文ＤＴＰ　ムーブ（大塚智佳子）
本文イラスト　齋藤　稔

1章

90日間で売上を1.5倍にするマーケティング計画を作ろう!

1章	90日間で売上を1.5倍にするマーケティング計画を作ろう！

関わり方の具体的事例		お客様	
		新規顧客	既存顧客
自分	商品	2章	3章
	販促	4章	5章
	店舗	6章	7章
	人	8章	9章

資料編	90日間売上アップ行動計画のサンプル

1 売上アップの設計図を作ろう

■売上目標を実現するために

3～4ヶ月先までの「売上目標」とそれを達成するための「具体的取り組み事項」を、自分でスケジューリングして実行しているお店や会社は、必ずと言ってよいほど、売上を伸ばしています。

逆に、今後3～4ヶ月の「売上目標が言えない」「具体的な行動内容が言えない」「紙に明確な形で書かれていない」「昨年までの取り組みとほとんど変わっていない」という方は、売上を落としてしまっていることが多いようです。

そこでご紹介するのが、たった1枚の「90日売上アップマーケティング計画」です。自ら勉強し納得して作る、この行動計画さえあれば、不況であっても、衰退・成熟業種であっても、ライバルが多くても、必ず売上を伸ばすことができます。

自分も、家族も、スタッフも、お客様も、得意先も、すべての人を幸せにでき、成長できることは間違いありません。

■シンプルな計画表でいい

「90日売上アップマーケティング計画」は、縦軸に「○月」という時間と数値目標、横軸にテーマ別の「取り組み事項」を配しただけのA4サイズ1枚の表です。

売上を一気にドカーンと、たとえば、年に2倍、3倍と上げたいのなら、時代の流れを読む力や度胸、そして複雑で分厚い戦略書が必要になるのでしょう。しかし、10%～20%ずつでいいから、毎年着実に業績を伸ばしていきたいという方は、このシンプルな行動計画を利用し、実行してください。

「これくらいやれば、目標達成するかなぁ」「これでは目標達成は厳しいかなぁ」「少し、取り組み事項を増やしてみようか」などと検討しながら中身を埋め、自分がその内容を実行することで、本当に売上がアップします。まさに「売上アップの設計図」を作り、それに基づいて「売上を作っていく」のです。本書を読み終えるころには、左のような「90日マーケティング計画」が自分で上手に作れるようになっているはずです。

90日売上アップマーケティング計画（クリーニング店の場合）

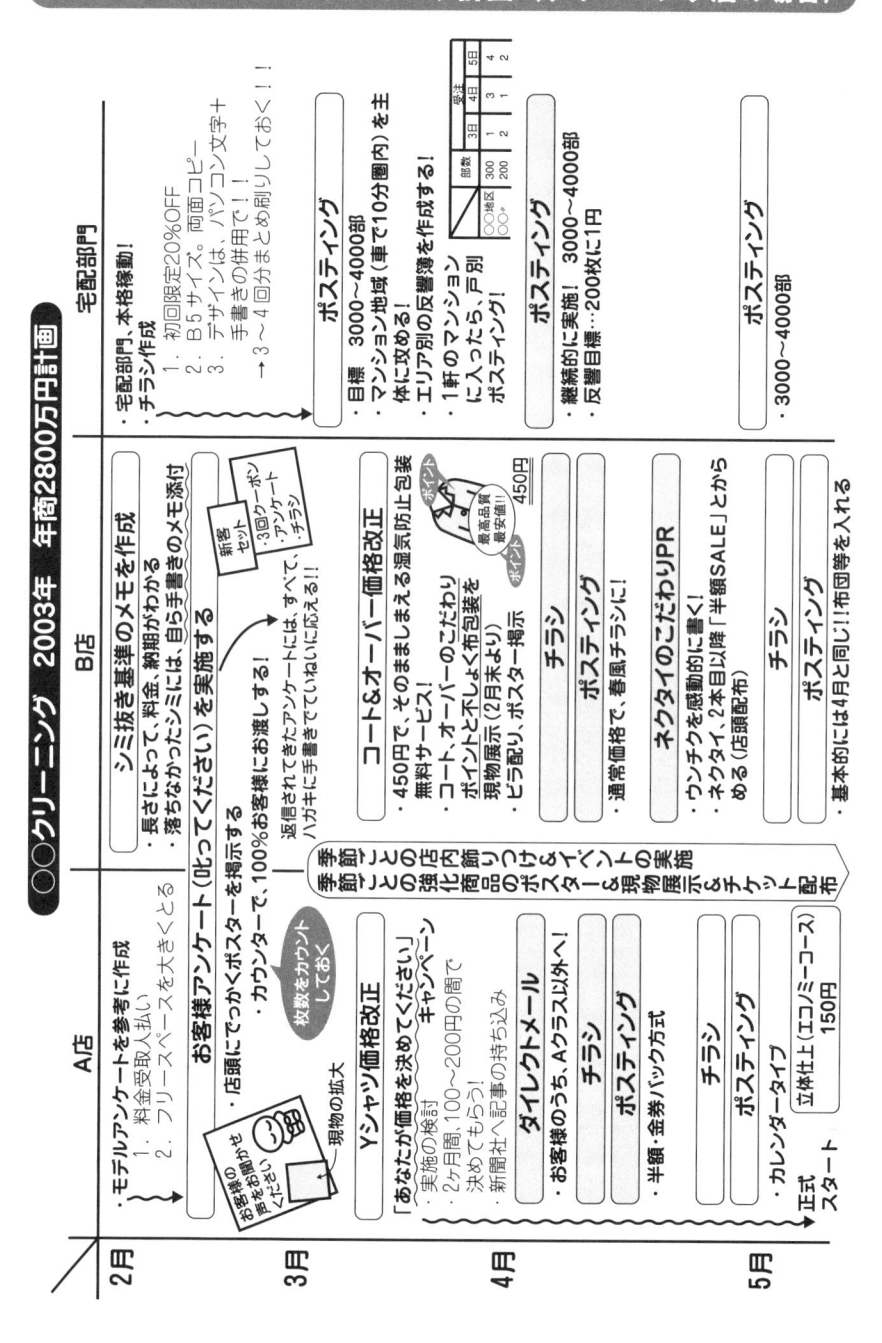

○○クリーニング　2003年　年商2800万円計画

A店

2月

・モデルアンケートを参考に作成
　1．料金受取人払い
　2．フリースペースを大きくとる

お客様アンケート（叱ってください）を実施する（A店・B店共通）

・店頭にでっかくポスターを掲示する
・カウンターで、100％お客様にお渡しする！

枚数をカウントしておく

3月

Yシャツ価格改正

「あなたが価格を決めてください」キャンペーン
・実施の検討
・2ヶ月間、100〜200円の間で決めてもらう！
・新聞社へ記事の持ち込み

4月

ダイレクトメール
・お客様のうち、Aクラス以外へ！

チラシ

ポスティング
・半額・金券バック方式

5月

チラシ

ポスティング
・カレンダータイプ

正式スタート

立体仕上（エコノミーコース）150円

A店・B店共通

季節ごとの店内飾りつけ＆イベントの実施
季節ごとの強化商品のポスター＆現物展示＆チケット配布

B店

シミ抜き基準のメモを作成
・長さによって、料金、納期がわかる
・落ちなかったシミには、自ら手書きのメモ添付

返信されてきたアンケートには、すべて、ハガキに手書きでていねいに応える!!

新客セット
・3回クーポン
・アンケート
・チラシ

コート＆オーバー価格改正
・450円で、そのまましまえる湿気防止包装無料サービス！
・コート、オーバーのこだわりポイントと不しょく布包装を現物展示（2月末より）
・ビラ配り、ポスター掲示

チラシ

ポスティング
・通常価格で、春風チラシに！

ネクタイのこだわりPR
・ウンチクを感動的に書く！
・ネクタイ、2本目以降「半額SALE」とからめる（店頭配布）

チラシ

ポスティング
・基本的には4月と同じ!!布団等を入れる

宅配部門

・宅配部門、本格稼動！
・チラシ作成
　1．初回限定20％OFF
　2．B５サイズ。両面コピー
　3．デザインは、パソコン文字＋手書きの併用で！！
　→３〜４回分まとめ刷りしておく！！

ポスティング
・目標　3000〜4000部
・マンション地域（車で10分圏内）を主体に攻める！
・エリア別の反響簿を作成する！
・１軒のマンションに入ったら、戸別ポスティング！

	部数	受注 3日	受注 4日	受注 5日
○○地区	300	1	3	4
○○〃	200	2	1	2

ポスティング
・継続的に実施！　3000〜4000部
・反響目標…200枚に1円

ポスティング
・3000〜4000部

2 まず、過去の販売実績と取り組みを知る

■まず、現状を把握することから

「己を知り敵を知らば、百戦危うからず」という孫子の言葉にもあるように、まず現状を知ることが、よい計画を立てるための第一歩となります。

売上を上げるための現状分析ですから、難しいものは必要ありません。本当に知っておかなければならないことだけを、簡単に自己診断してみましょう。

■過去3年間の月別売上推移と取り組み事項

はじめに、あなたが過去3年間、売上アップのために実行した「取り組み事項」、「具体的行動」と、その結果としての「売上」の実績を月別に記録します。

たとえば、「店舗をリニューアルした」「ダイレクトメールを××通、こんな層のお客様に向けて発送した」「接客の方法を変更した」「チラシのポスティングを××枚、このエリアに行なった」など、あなたが「主体的に」売上を作るために行なったことを振り返ってください。

これにより、「90日売上アップマーケティング計画」を作るとき、「このくらいのことを実行すれば、これくらいの売上が望めそうだな」というイメージが抱きやすくなり、精度の高いものを早く完成させることができるようになります。

■商品別（得意先別・営業マン別・店舗別）売上実績

つぎに、どんな商品、あるいは、得意先、営業マン、店舗の売上が高いのかを把握します。

必要なデータは、それぞれ年間合計の「粗利金額ベスト10と粗利伸び金額ベスト10」そして「販売個数ベスト10と販売伸び個数ベスト10」です。

粗利金額と粗利伸び金額のベスト10は、あなたのお店や会社の「収益の柱」、つまり、よく稼いでくれている商品（得意先、営業マン）を示しています。販売個数と販売伸び個数のベスト10は「集客の柱」で、多くのお客様を呼び込んでいる商品です。

後で詳しく述べますが、これにより、売上を上げるためにどの商品に力を入れていけばよいのか、ということがわかります。

過去3ヶ年の売上実績・取り組み事項と「何が売れているか」を知る

●過去3ヶ年の売上実績と取り組み事項を洗い直す

月	売上	売上アップのための具体的行動
1月	350万円	●得意先挨拶回り　——500件
2月	240万円	●××商品拡販キャンペーン ●店頭リニューアル・完了
3月	370万円	●チラシ「リニューアルOPEN」—10,000枚 ●××実演販売
4月	450万円	●ダイレクトメール「春の応援フェア」—2,500通 ●上得意のみTELフォロー　—　300件
2004年計	6500万円	
2003年計	6350万円	
2002年計	6400万円	

チラシ　写真　DM

▼

当時、使用した販促ツールや写真なども準備し、それぞれの効果も記入しておくとよい。

●商品別売上実績ベスト10を把握する

	収益商品 お金を稼いでくれる商品	集客商品 お客様を呼び込む商品
絶対金額・個数 ベスト10 現在のスター商品	粗利金額ベスト10商品	販売個数ベスト10商品
伸び金額・個数 ベスト10 スター候補商品	粗利伸び金額ベスト10商品	販売伸び個数ベスト10商品

▶この4分類、40種類の商品を売り抜くことで全体の売上がアップします。

（例）不動産会社向け・のぼり通信販売の「伸び個数ベスト10商品」分析

順位	伸び個数	標語	区分	サイズ	売上個数（2003年）	売上個数（2004年）	昨年対比
1	2,141	貸店舗・事務所	賃貸用	W600	—	2,141	—
2	1,977	好評分譲中	分譲用	W600	3,745	5,722	+52%
3	1,529	好評分譲中s	分譲用	W600	4,070	5,599	+37%
4	955	好評分譲中s	分譲用	W450	1,638	2,593	+58%
5	783	オープンハウスs	分譲用	W600	1,488	2,271	+52%
6	678	貸店舗・事務所	賃貸用	W450	132	810	+513%
7	597	分譲中s	分譲用	W450	672	1,269	+88%
8	542	入居者募集中	賃貸用	W600	1,482	2,024	+36%
9	539	売物件s	分譲用	W600	503	1,042	+107%
10	457	新築分譲中s	分譲用	W600	1,040	1,497	+43%

注）「伸び個数」＝2004年売上個数－2003年売上個数

3 過去に行なった販売促進の効果を知る

■各種販促の効果は

過去の販売実績と取り組みについて把握した後は、どんな販売促進をすれば、現在のところ、どのくらいの効果があるのかという、各種販促の効果をまとめておきます。

販促の効果とは、たとえば「チラシをまけば、１０００枚につき1件くらいの割合で、新規のお客様が来てくれる」「ダイレクトメールを出せば、１００枚につき2件くらいの割合でリピート注文がある」「電話アポイントを実施すれば、１００件につき3件くらいの割合で資料請求の申込みがある」「タウンページを見たお客様から、１ヶ月当たり5件くらいの注文がある」といったことです。

販促ツールが上手にできたかどうか、ターゲットが適切であったかどうか、電話アポインターによる声の明るさの違いなど、販促効果は内容・ターゲット・タイミング・自社の知名度といったさまざまな要因によって変化します。まずは、現時点でのおおよその平均値を、それぞれについて出しておくと役に立ちます。

■販促効果を知っておくメリット

販促効果を把握していれば、そこから逆算して、目標とする売上達成のためにとるべき行動を決めることができます。

たとえば、年間２０００万円の売上アップが必要で、客単価が3万円、チラシをまくと１０００枚につき1件くらい（反響率０・１%）の新規顧客が来てくれる商売をしているとします。このケースでの年間必要客数は、６６６人（必要売上２０００万円÷客単価3万円）です。６６６人を集めるために、必要なチラシ枚数は66万６０００枚（６６６人÷反響率０・１%）。つまり、２０００万円の売上アップのためには、年間66・6万枚のチラシを投入すればよい、ということが言えます。

これは単純な例であるため、かなり大雑把な計画ですが、実際に販促効果の平均値がわかっていれば、売上目標達成のためにどのくらい実行すればよいのかということが明確になるわけです。

現在の各種販促効果の平均値を知る

●販促効果のまとめ方の例

1 反響率を算出することで「数字の読み込み」ができます。反響率が一定とすれば、どのくらいアプローチ数を多くしなければならないか？　という具体的行動が見えてきます。

（例）販売媒体別・費用対効果実績

	受注件数	1件当たりアプローチ数	1件当たり受注コスト	反響率
チラシ	1	2,811枚	18,711円	0.04%
ポスティング	1	1,506枚	12,260円	0.07%
電話アポイント	1	1,885件	20,693円	0.05%
訪問（成約客）	1	124件	120,000円	0.81%
訪問（見込客）	1	15件	20,000円	6.67%
ダイレクトメール	1	119通	10,960円	0.84%
タウンページ	3	1ヶ月	10,400円	—
ホームページ	2	1ヶ月	7,500円	—
新聞広告	3	1回	18,667円	—
雑誌広告	3	1回	11,167円	—
テレビCM	5	1ヶ月	40,000円	—
店舗来店	5	1ヶ月	3,328円	—
紹介	3	1ヶ月	1,008円	—
リピート	4	1ヶ月	0円	—
提携先情報	1	1ヶ月	0円	—

2 1件当たり受注コストを算出することで、「費用対効果」（CPO:Cost Per Order）がわかります。効率のよい販促手段の強化、効率の悪い販促手段の見直しを行ないます。

4 売上を因数分解すれば、やるべきことが見えてくる

■売上の方程式

売上をアップさせるためには、何か行動を起こさなければなりません。どんな行動が、あなたの売上アップのために効果があるのかということを発見する必要があります。多くの不振店は、「何をすれば、効果的に売上が上がるのか」ということが明確ではないのです。売上は、いろいろな方程式で表わすことができます。

・売上＝客数×客単価
・売上＝商圏人口×マーケットサイズ（国民１人当たり消費支出金額）×シェア
・売上＝売場面積（坪）×１坪当たり売上高
・売上＝従業員数×１人当たり売上高
・売上＝在庫金額×回転率

このように、売上を方程式として表わし、因数分解（構成する要素を細分化）すれば、何をすべきなのか、ということが少しずつ見えてきます。

たとえば、客数を10％伸ばせば、客単価がそのままでも売上は10％伸びる、従業員１人当たり売上高を５％伸ばせば現状の人数のままでも売上が５％伸びる、という理屈です。

■改善点は指摘できても、行動を指示できない?!

実は、このようなデータを集計しているお店や会社は案外多いのですが、正直言って、私はこれを見ただけで、打つべき対策をアドバイスできません。

客数が下がっている、シェアが低い、生産性が低いといった問題点は山ほど出てくるのですが、肝心の「では、それを改善するために、具体的に何をすればよいのか?」ということへの、ズバリ直言ができないのです。

そこで、私はこれらの式をもう少し、業種ごとに現場レベルでの行動に即した方程式に変更しました（マーケティング方程式）。つまり、後から結果として出てくるデータに振り回されるのではなく、自ら主体的に「売上アップに必要な方程式」を作ったのです。

すると、売上アップのために「何をすればよいのか」ということが明らかになったのです。

売上は、方程式で表わすことができる！

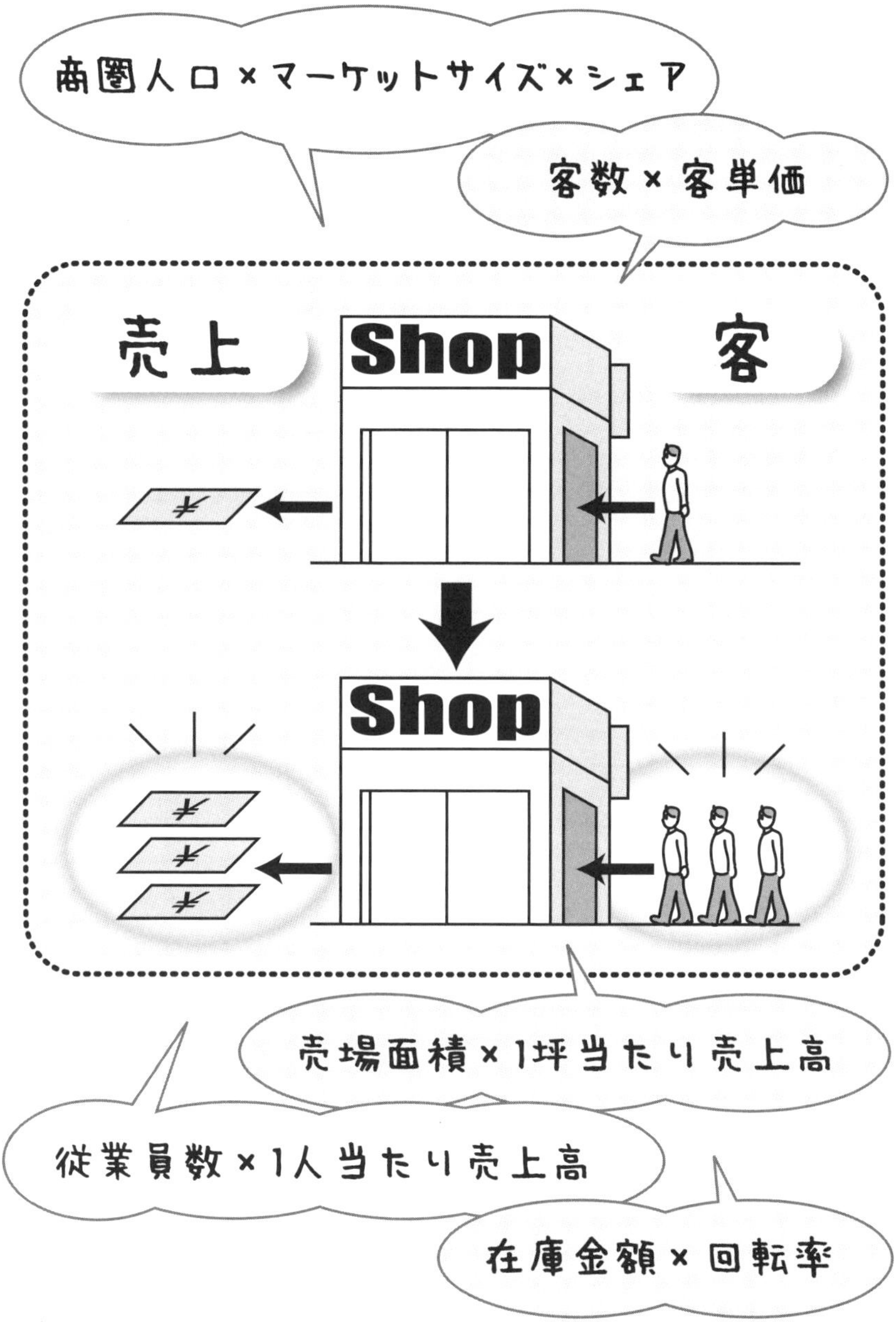

5 自分だけの「マーケティング方程式」を作ろう

■業種別のマーケティング方程式の例

ここで、売上アップのためのマーケティング方程式の例を挙げておきましょう。

・アパレルショップの場合

売上＝店頭前通行客数×入店率×声掛け率×試着率×買上げ点数×買上げ単価

・住宅リフォーム業の場合

売上＝チラシ配布枚数×チラシ反響率×現場訪問率×成約率×客単価

・写真館の場合

売上＝電話問合せ件数×予約率×来場率×１枚単価×買上げ点数

売上の因数分解（構成する要素を細分化）を、現場レベルの行動に即して行なうと、このようなオリジナルの「マーケティング方程式」が完成します。

■重点的に取り組む事柄は

そのうえで、各項目（因数）のなかから重点的に取り組む事柄を選びます。

選び方に特にルールはありません。自信のあること、やりやすいこと、すでに実践していて、効果の上がっていることから手をつけていけばいいでしょう。

たとえば、アパレルショップの場合、つぎのようなアクションが考えられます。

・**「入店率」のアップ**…①看板の位置を目立つ場所に変更する、②集客商品であるＴシャツを店頭付近にボリューム陳列する、③品揃え感を出すために壁面までいっぱいに商品を並べる

・**「声掛け率」のアップ**…①お客様の年代・行動別に声かけ言葉を決める、②売上金額だけでなく、声かけ人数を担当者別にチェックする

・**「買上げ点数」のアップ**…①セット商品の品揃え数を多くする、②精算前に「○○をお買い上げの方は△△を20％ＯＦＦでお買い求めいただけます」と告知する

本書では、マーケティング方程式のそれぞれの項目（因数）をアップさせるために、お客様に対してどのようにアプローチするかについて解説しています。

マーケティング方程式と各項目の高め方

●クリーニング店の場合

どんな業界でも必ず現場レベルでの行動に即したマーケティング方程式が作れます

売上＝実会員数（新規会員数＋既存会員数－減退会員数）×来店頻度×1点単価×持込点数

項目（因数）	目標	具体的な取り組み事項例	一般的な指標
実会員数	2000人		客数
新規会員数	400人以上	●折込チラシ、ポスティング ●店頭の誘客看板 ●お客様紹介カード	客数
	＋		
既存会員数 1年に1度以上ご利用のお客様	1800人以上	●ダイレクトメール ●会員制度／ポイント制度 ●お客様アンケート	客数
	－		
減退会員数 1年以上、未来店のお客様	200人以下	●名前を呼ぶ接客 ●新規顧客向け3回クーポン＆やり直し券 ●電話フォロー	客数
	×		
来店頻度 総客数÷総会員数 年間平均何回ご利用いただけるか？	年間10回以上	●翌月セールの予告チラシ配布 ●季節感のある売場作り ●早期引取り割引	客数
	×		
1点単価 売上÷点数	400円以上	●トッピングメニューのポスター、POP、声かけ ●大物商品（布団、毛布、着物）拡販 ●価格設定･割引セールの見直し	客単価
	×		
持込点数 点数÷客数 1回の来店で何点持ち込んでくれるか？	3.5点以上	●関連商品のお勧め接客 ●セット販売／まとめて割引 ●集配サービス	客単価
	＝		
年間必達売上	2800万円	手をつける項目（因数）や具体的取り組み事項は、できるだけ絞り込んだ方が効果を発揮します。	

6 売上目標を立てるために市場規模を算出する

つぎに、売上目標を立てます。目標には大きく分けて、「達成したい目標」「達成しなければならない目標」「達成できる目標」の3つがあります。

それぞれの数字を出してみてから、最終的に「これは、必ず達成するぞ！」と決意できる売上目標を決定してください。

■まず、市場規模を算出する

目標を立てるための前提として、まず市場規模を知らなくてはなりません。

あなたが商売をしている地域には、どのくらいの市場規模があるかご存じですか。たとえば魚屋さんの場合は、お店に買い物に来ることのできるエリア内で、1年間に、金額ベースでどのくらい魚を消費しているかという数字が市場規模になります。

市場規模（年）＝商圏人口×マーケットサイズ

商圏人口とは、あなたがターゲットとして商売しているエリアの人口のことです。商圏は、自店を中心とした円ではありません。単純な行政人口（市町村の人口）でもありません。現在、お店を利用してくれているお客様が中心として住んでいるエリアのことです。

■商圏とマーケットサイズ

商圏は、鉄道や大きな幹線道路、河川などによって分断されることもあれば、生活動線（生活の中でのお客様の動き方）によって広がることもあります。細かなエリアに何人くらいの人が住んでいるのかというデータは、市町村役場にある「町丁別人口・世帯数表」を見ればわかります。

マーケットサイズとは、国民1人当たりの消費支出金額のことです。その業種・商品に対して1人当たりに換算すると、どのくらいの金額を消費しているかという金額です。つまり、官公庁や業界団体が集計している1年間の市場規模を、日本の総人口で割った数字のことをマーケットサイズと呼びます。

商圏人口とマーケットサイズを掛け合わせれば、あなたの商圏に、どのくらいの市場規模があるのかということが算出できます。

ターゲットとするエリアの市場規模を知る

●商圏エリアと商圏人口

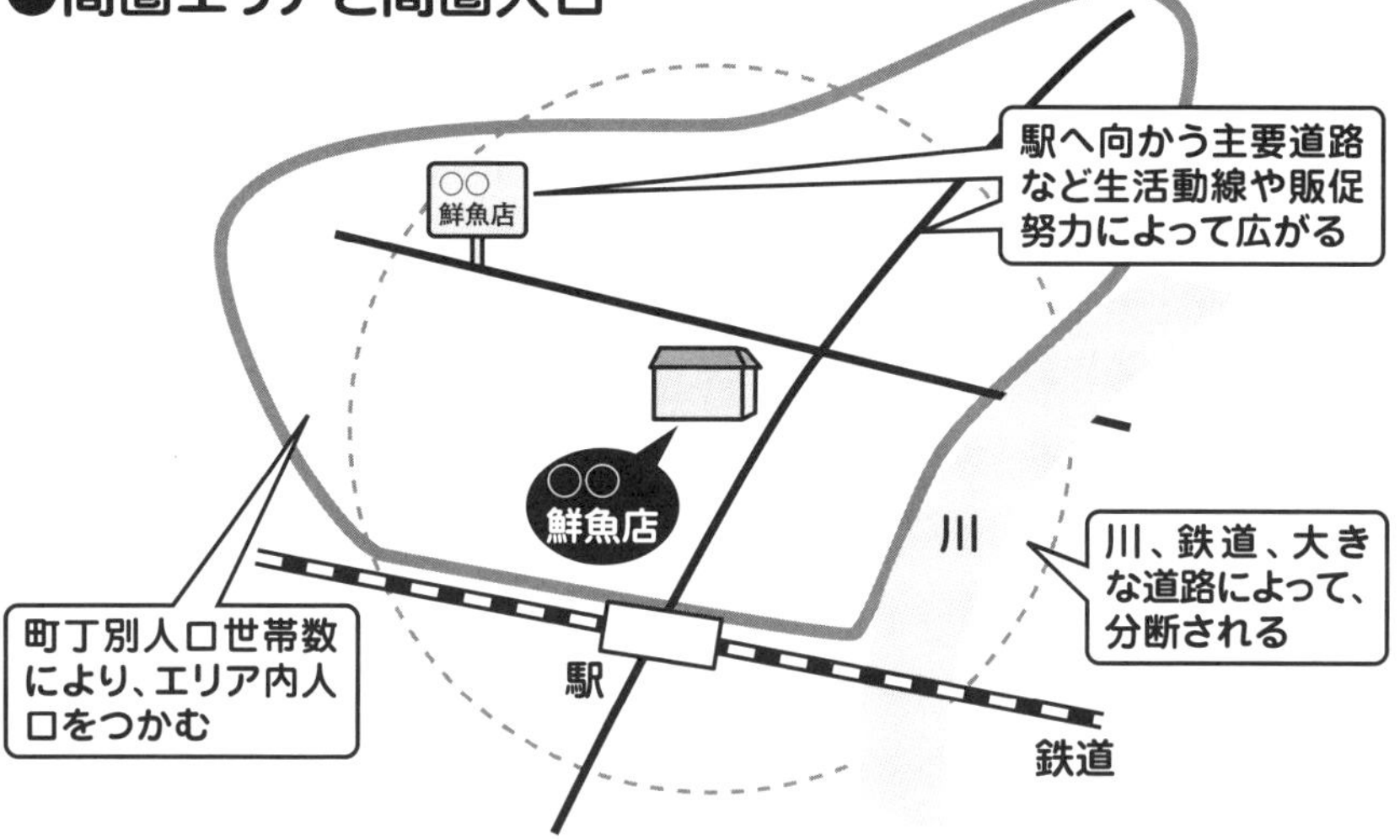

○○
鮮魚店
駅へ向かう主要道路など生活動線や販促努力によって広がる
○○
鮮魚店
川
川、鉄道、大きな道路によって、分断される
町丁別人口世帯数により、エリア内人口をつかむ
駅
鉄道

●マーケットサイズ（国民1人当たりの消費支出金額）

業種別マーケットサイズ

No.	大分類（業種）	一人当たり消費支出金額
1	化粧品	8,170
2	薬	13,100
3	消耗雑貨	13,800
4	家庭用品	5,570
5	文具·事務用品	12,520
6	玩具	6,750
7	書籍	17,260
8	CD·映像ソフト·楽器	3,920
9	カメラ·光学	8,360
10	時計	3,800
11	メガネ	4,700
12	宝石	12,160
13	カー用品	13,500
	合　計	608,000

鮮魚の単品別マーケットサイズ

1	まぐろ	2,550
2	あじ	630
3	いわし	310
4	かつお	690
5	かれい	610
6	さけ	1,380
7	さば	410
8	さんま	530
9	たい	470
10	ぶり	1,160
11	いか	1,030
12	たこ	550
13	えび	1,530
14	かに	930
15	他の鮮魚	3,270
16	さしみ盛り合わせ	2,030
	合　計	18,080

市場規模（年）＝商圏人口（人）×マーケットサイズ（円）

商圏人口
5万人の場合
×
マーケットサイズ（鮮魚）
18,080円
＝
商圏内の鮮魚の市場規模
約9億円

7 シェアから導く売上目標

■**シェアを算出する**

売上目標を設定する際に考慮する要素として、シェアがあります。

シェア（市場占有率）は、お客様からの支持率を表わし、つぎの算式によって計算します。

シェア＝自店・自社の売上高÷市場規模×１００

経済ニュースなどで「ビール業界のシェアは……」とか「自動車業界のシェアが……」と報道されている、あの「シェア」があなたの地域にも存在しています。この数字は、あなたが今までやってきたことへのお客様からの評価の１つと言えるのです。

あなたのシェアは、思っていたよりも高かったでしょうか、それとも低かったでしょうか。

■**シェア原則表から売上目標を決める**

一般的に、シェアが高いのか低いのかを判断するために使っているのが「シェア原則表」です。地域の市場のうち30％程度を取れば、一番店と言えます。つまり、ある商品を買いたい人のうち、３人に１人があなたのお店を利用してくれるようになれば、一番になったということです。

ちなみにプロ野球ファンのうち、30％程度は巨人ファンと言われています。

野球（商品）にまったく興味のない人でも、球団名（店名）は知っているという、プロ野球界における「巨人」のような知名度が、実感的な一番店のイメージと言えるでしょう。

シェア20％程度が二番店です。トップの座を狙う最も楽しい位置にあるとはいえ、一番店からの攻撃を受け、最も熾烈な競争にさらされるポジションです。

そして、シェアが10％程度になると五～六番店です。競合がどうこうと言うより、まず自分のなかに問題があることが多いため、お客様に存在を徹底して知らせることからスタートしなければなりません。

通常、無理なく売上を伸ばしていくには、現状シェアの１つ上のランクを目標に設定することがベストです。あなたのお店は、シェア何％を目指しますか？

シェア原則と戦略

シェア原則表

シェア名称	シェア数値	シェアの持つ実感的意味	主な戦略・戦術
相対的独占シェア	55%	・商圏内の需要の半分以上を押さえている完全なる独占状態。	・関連の別事業や、第二ブランドを立ち上げる。
相対シェア	42%	・ほぼ、独占状態。 大手チェーン店が出店を避ける。	・新商品・新企画の提案が受け入れられやすい。 需要自体の拡大を図る。
圧倒的一番店シェア	31%	・圧倒的一番店。別格の強さを誇る。 地域における価格主導権が握れる。	・別地域への攻勢や、取扱商品の拡大を図る。 同時に、さらなる既存顧客への投資を心がける。
一番店シェア	26%	・地域一番店。明らかなる一番店となる。 不況に強い（12ヶ月、一番店）。	・二番店以下の得意な地域・商品・イベント企画を攻撃する（包み込みの戦略）。
トップグループシェア	19%	・抜きつ抜かれつの一番店争い（12ヶ月中、時々一番店）。	・一番店の弱点となる地域・商品・イベント企画を攻撃する（差別化の戦略）。 下位者を「包み込む」。
繁盛店シェア	15%	・お客様に「まずまず、流行っていそうだな」と思われている（12ヶ月、二番店以下）。	・自社の主力地域・商品の育成。チラシ主体の販促から、特定客をターゲットにしたDM販促を混ぜる。
影響シェア	11%	・同業他社にライバル店として認知される。 自店の動向が他店に影響を及ぼす。	・高頻度チラシで集客、顧客数のアップに努める。 とにかく集客優先（チラシ販促主体）。
存在シェア	7%	・店の存在くらいは、かろうじてお客様に伝わっている。	・自店の商品・サービスの品揃えを明確に決める。 手書きチラシを限定された地域へポスティング。
非存在シェア	3%	・商圏内に店名すら伝わっていない。	・経営者の率先垂範・長時間労働が必須事項。 評判の繁盛店を見学に行く。掃除をする。

8 強者の戦略・弱者の戦略

シェアを算出する目的は「現状を知り、目標を立てる」ことだけにとどまりません。シェアの高低によって「戦い方」に原則があります。

■シェア上位者（26％以上）は「包み込み戦略」

自分（Ａ）よりも下位の競合店（Ｂ）の商品、サービス、販促内容などをすべて真似をし、そのうえで彼らにないものも取り扱うようにします。

つまり、「ＢにあるものはＡにもある、ＢにないものもＡにはある」という状態を常に作り続けること。これこそ、一番店が永遠に一番店であり続けるための戦い方、「包み込みの戦略」です。「当社はライバル会社の真似などする必要はない」と一番店のプライドとおごりが出始めた瞬間、二番手以下に逆転のチャンスを与えているのです。

■シェア中位者（19％～11％）は「差別化戦略」

一番店に包み込まれないように、相手の弱点となる商品を品揃えしたり、弱点となるエリアを攻撃したり、弱点であるサービスを強化したりします。

そのためには一番店のミニチュア版を作るのではなく、何か大きな特長を持ったお店や会社を作らなければなりません。それは、商売の土俵自体を変えてしまう、つまり自分の特長を追求した結果、新しい業種・業態を生み出してしまうことが究極の理想です。これが「差別化の戦略」です。

■シェア下位者（7％以下）は「がむしゃら戦略」

外部環境（経済情勢、ライバル店動向、業界自体の衰退）ではなく、売上が伸びない原因は１００％自分のなかにあるという認識を持つことからスタートする必要があります。

経営者自らの率先垂範で、自分のお店や会社を利用していただくことのメリットを、お客様に知っていただくことに注力することを最優先した「がむしゃら戦略」をお勧めします。

市場内のポジショニングによって、戦い方の原則は異なり、市場の主導権は一番店が握っていることをまず理解してください。

自店のシェアを知り、ポジショニングによって戦い方を変える

●自店のシェアを知る

シェア（%）＝自店の売上高（年）÷市場規模×100

〈前述の鮮魚店の場合…〉

年間売上高　2億円　とすれば…

2億円÷9億円×100＝22%　＝　**一番店を目指しているトップグループ**
（売上高）（市場規模）　　＊27ページ「シェア原則表」より

●単品別シェア獲得マップ

▶シェアは単品別にも算出することができます。競合店の品揃え・サービス内容・売場作りを調査して、単品別のシェアに応じた売り方を決定します。

鮮魚店の例

自店データ	総売上：　2億円	商圏人口：　5万人

単品名	マーケットサイズ（円）	市場規模（万円）	売上実績（万円）	シェア	下位		中位			上位		
					3%	7%	11%	15%	19%	26%	31%	42%
まぐろ	2,550	12,750	3,744	29%							●	
あじ	630	3,150	538	17%					●			
いわし	310	1,550	215	14%				●				
かつお	690	3,450	706	20%					●			
かれい	610	3,050	993	33%							●	
さけ	1,380	6,900	1,370	20%					●			
さば	410	2,050	210	10%			●					
さんま	530	2,650	457	17%					●			
たい	470	2,350	425	18%					●			
ぶり	1,160	5,800	1,362	23%						●		
いか	1,030	5,150	731	14%				●				
たこ	550	2,750	934	34%							●	
えび	1,530	7,650	845	11%			●					
かに	930	4,650	945	20%					●			
他の鮮魚	3,270	16,350	3,678	22%						●		
さしみ盛り	2,030	10,150	2,847	28%						●		
合計	18,080	90,400	20,000	22%					●			

1 マーケットサイズの大きな単品での売上アップを狙うと、全体売上に貢献する

2 地域指数（地域によって好まれる魚に差がある）や季節指数（季節ごとの旬の魚がある）を加味して、地域、季節に応じて、マーケットサイズを修正する

3 上位のシェアにある「まぐろ・かれい・たこ・さしみ盛り」などの単品は「包み込み戦略」、中位のシェアにあるその他の各単品は「差別化戦略」。競合店を調査したうえで、売り方を決定する

9 資金繰り分岐点から導く売上目標

■達成しなければならない売上目標とは

最低限、この数字を達成しなければならない売上目標として「資金繰り分岐点売上高」を算出します。

通常、よく耳にする「損益分岐点売上高」とは、「これだけの売上を上げれば、利益が出ますよ」という売上高です。

しかし「帳簿上の利益は出ているはずなのに、お金がない」という資金繰りに苦しむお店や会社が多いため、「これだけの売上を上げれば、お金が回っていきますよ」という資金繰り分岐点売上高を、達成しなければならない売上目標として設定します。

中小のお店や会社にとって、生きるか死ぬかは資金繰りにかかっていますので、損益よりも資金繰りの数字の方が大事なのです。

資金繰り分岐点売上高＝（経費＋返済－減価償却費）÷粗利率

この数字が、貯蓄を切り崩したり、銀行からの一時的な借入れを起こしたりしなくても、1年間、本業で稼いだお金で、スタッフ・取引先への支払いができる売上高です。損益分岐点売上高よりも現実的で、実際の業務に役立つ売上目標の設定方法です。

■季節変動に注意すること

ただし、この算式から導かれる売上高は、1年間を通じてプラスマイナスゼロでお金が回っているという数字ですから、季節変動のある場合、月によって資金繰りが厳しくなることがあります。

したがって、資金繰り分岐点売上高の10％増し程度が現実的な目標値となります。

達成しなければならない売上目標＝資金繰り分岐点売上高×1・1

もっとも、この計算さえも面倒というのであれば、どの会社にも必ずいらっしゃる「金庫番」に聞けば、すぐにわかります。

「月にどのくらい売上を上げれば、資金繰りに困らなくてすみますか？」と聞けば、「そうだね、○万円は欲しいね！」と、おそらく即答してくれるはずです。

資金繰り分岐点売上高の簡易算出方法

資金繰り分岐点売上高＝（固定費＋返済額－減価償却費）÷粗利率

↓

達成しなければならない売上高＝資金繰り分岐点売上高×1.1

具体的な算出方法の例

ステップ1 損益計算書を確認する

科目	例（百万円）	
売上高	100	粗利益÷売上高
変動費（売上原価）	60	
粗利益（売上総利益）	40	❹粗利率40%
❶固定費（販管費）	36	
人件費	15	
広告宣伝費	3	
旅費交通費	1	
賃借料	2	
❸減価償却費	3	実際には、出費のない費用である
⋮	⋮	
営業利益	4	
経常利益	⋮	

↓

ステップ2 年間返済額を確認する

返済先	例（百万円）
A銀行	2
⋮	⋮
返済額合計 ❷	5

→

ステップ3 資金繰り分岐点売上高を算出する

❶固定費　36百万円

＋

❷返済額　5百万円

－

❸減価償却費　3百万円

÷

❹粗利率　40%

＝

資金繰り分岐点売上高
95　百万円

▶95百万円の売上があれば、借入れをしなくても、お金が回っていく。
ただし、季節変動による売上の上下を考えれば、

資金繰り分岐点売上高
95　百万円
×
1.1
＝
達成しなければならない売上高
104.5　百万円

10 過去と未来から売上目標を導く

■達成したい売上目標とは

自分のなかで「このくらいの売上を上げたいなぁ」という漠然とした思いを数字にします。

前項までに「過去3年間の月別売上推移」「シェア数値」「資金繰り分岐点売上」といくつかのデータを把握してきましたが、最終的に売上目標を決めるのは、あなた自身の「よし！　これだけやりたい！」という強い意志です。

現時点では、正式に決定しなくてもかまいません。おおよその売上目標をイメージしてみてください。

1年後に家を建てることを決意をした人なら、街を歩く際、一生懸命、家々を見て歩くでしょうが、家を建てることに興味のない人にとっては、それは風景の一部にすぎません。それと同様に、具体的な目標を持って本書をお読みいただければ、より内容があなたの経営に活かされてくると思います。

■未来への通過点

「5年後、10年後はこんなふうになっていたいなぁ」という思いはありますか?

経営は、よく旅にたとえられます。

旅の目的を決め、家族会議を開いて意見を聞き、目的に沿った約束事を決め、どこへ行くのか、何で行くのかというルートを組み立て、費用はどのくらいかけるのかという見積もりも必要です。

そして実際に行ってみると、寄り道、回り道、事件の連続で、ということもままあります。思ったように物事が進むとは限りませんが、計画なしに出発することはできません。

旅の場合には、○月×日までに最終目的地に着きたいから、その前日にはA地点まで、前々日にはB地点までと通過点を設定します。経営の「5年後、10年後の目標」が旅の「最終目的地」にあたり、来年の目標は「1日目の宿泊先」にあたります。

言い換えれば、最終目的を達成するために来年の目標を立てるのです。こうありたいと願う未来へ近づくため、目標を設定する必要があるといえるでしょう。

1章まとめ　売上アップの設計図・マーケティング計画作りの流れ

この章では、売上アップの設計図「90日間マーケティング計画」を作るための準備をまとめました。

90日間マーケティング計画の完成形をイメージする

◎完成形のイメージは大切!　完成形が見えないパズルは永遠に作れない!

↓

現状を知る（現状分析）

◎難しい分析や分析のための分析はしない!　売上アップにために必要なことだけを知る!

過去3ヶ年の月別売上と その結果をもたらした　取り組み事項	4つの商品売上実績 ①粗利金額　③販売個数 ②粗利伸び額　④販売伸び個数	各種販促効果の 平均実績

↓

マーケティング方程式を作る

◎売上を現場レベルの行動に即した方程式に表わす。たし算・ひき算・かけ算・わり算で示す

売上　＝　A（a＋b）　×　B　×　C　×　D（c＋d）

↓

年間売上目標を立てる→月別売上目標へ落とし込む

◎3つの視点から売上目標を決定する

Ⅰ.達成できる売上 シェア（市場占有率）	Ⅱ.達成しなければならない売上 資金繰り分岐点売上	Ⅲ.達成したい売上 未来から考える自分の思い

↓

90日間・売上アップマーケティング計画

取り組み事項 / 月・目標	新規顧客対策		既存顧客対策	
	A	B	C	D
月 万円				
月 万円				
月 万円				

2章〜9章に
この中身を埋める
具体的な例を書きました

❶ 一番主義で勝ち残れ！

❷ 商品の一番化で勝ち残る

❸ 圧縮法を利用しながら商品の一番化を図る

❹ 商圏の一番化で勝ち残る

❺ 客層の一番化で生き残る

❻ ライフサイクルを知れば、売り方が見えてくる

❼ ライフサイクル・シフトで安定期を導入期に！

❽ この商品を売れば、売上が伸びる

❾ 重点商品を売りまくる方法（その１）

❿ 重点商品を売りまくる方法（その２）

⓫ 低単価・高頻度の集客商品を活かそう

⓬ 価格競争ではなく価値の訴求を

2章

商品で新規顧客を呼び込む方法

1章	90日間で売上を1.5倍にするマーケティング計画を作ろう！

関わり方の具体的事例		お客様	
		新規顧客	既存顧客
自分	商品	2章	3章
	販促	4章	5章
	店舗	6章	7章
	人	8章	9章

資料編	90日間売上アップ行動計画のサンプル

1 一番主義で勝ち残れ！

■一番と二番の間には大きな差がある

お客様が何かを買うためにお店を選ぶ基準は、「自分の身近で」「最も品揃えされていて」「お買い得で」「親切な応対をしてくれる」お店であることです。これが、いわゆる一番店です。「○○をしたい」「○○が欲しい」と思った瞬間に、パッと頭の中に思い浮かぶそのお店がお客様にとっての一番店というわけです。

一番であればあるほど、お客様が集まり、利益を生みます。一番店は不況にも強いのです。

「日本で一番高い山は？」と聞かれたら、多くの人は「富士山」と答えることでしょう。「では、二番目は？」と聞かれたら、ほとんどの人が答えに窮するはずです。同様に「昨年のプロ野球セ・リーグの優勝チームは？」という問いには容易に答えられても、二位チームの名前はなかなか出てきません。このように、一番と二番の間には、お客様の意識のうえで大きな差があるのです

■一番になるための具体的方法は

・地域で最も大きな面積の店舗を構え、商品はカテゴリーごとに一番品揃えされている

・競合他社よりも圧倒的に品揃えを充実させた、選びやすく、分厚いカタログ

・地域内の同業他社よりも圧倒的に多い回数、多い配布枚数のカラー刷りのデザインのチラシ

もし、あなたにお金と度胸、それに強烈な目標達成意識があれば、このようにトータル規模で一番を志向すべきです。

しかし、これは容易ではありません。

そして、最もやってはいけないこと、それは「よろず屋」的な発想による「一番のない総合化」です。

すべてにおいて中途半端に品揃えされた商品（大型店のミニチュア版のような特徴のない品揃え）や、中途半端な販促頻度が、繁盛しないお店や会社の特徴です。

つまり、どんなに小さいものであっても、あなたのお店は「一番」と言えるものを備えなければなりません。

では、あなたのお店は、何によって一番になれるのでしょうか。次項からその突破口を探っていきましょう。

「○○と言えば…」でお客様から一番に出てくるお店になろう！

2 商品の一番化で勝ち残る

■商品の絞り込みで一番を作る

すべてのお店や会社が、トータルの規模で一番になれるわけではありません。一番は1人だけだし、何より、規模、立地条件、価格などの土俵で勝負を続ける限り、「お金持ち」が圧倒的に有利です。

トータル規模で一番になれなくても、①商品（何を）、②商圏（どこで）、③客層（誰に）を絞り込んだうえでなら、一番を目指すことができるはずです。

たとえば、あなたが街の酒屋さんだったとしましょう。商品アイテム数でも価格面でも、完全に大型店にはかないません。しかし、数ある酒の部門（カテゴリー）の1つである「日本酒」にターゲットを絞れば、価格はともかく、品揃えの深さや商品知識で上回ることができる可能性は出てきます。つまり「日本酒の専門店」として一番を目指せば、勝ち残ることができます。

もし、それでも大型店の「日本酒」部門の品揃えを上回ることができそうになければ、日本酒のなかの「地酒」という属性に特化してゆきます。

これが、商品による絞り込みの方法です。業種（酒）→部門（日本酒）→属性（地酒）→単品（××いう銘柄の一升瓶）と、より細分化された分野のなかで「これなら間違いなく当社が一番である」という「勝てる土俵」を探し、一番化するのです。

■絞り込むことは捨てること

どんな業種でも「××の専門店」として品揃えを強化し「お店の顔」をはっきりさせるということは、同時に、現在の取扱商品の一部を「捨てる」ということでもあります。つまり、今までその商品を買ってくれていたお客様をも「捨てる」ということになり、その分の売上は下がってしまうことが容易に予想できます。これは、勇気のいることです。

しかし、大型店のミニチュア版をいつまで続けていても明日はありません。これまでのお客様を維持するのが精一杯で、新規のお客様が来てくれないのでは、売上はジリジリと下がっていくばかりです。一番を作って、お客様を集めましょう。

一番になれる商品を探し出す

●マーケティングの要諦は、「何かを捨てて、何かを深める」ことにあり！

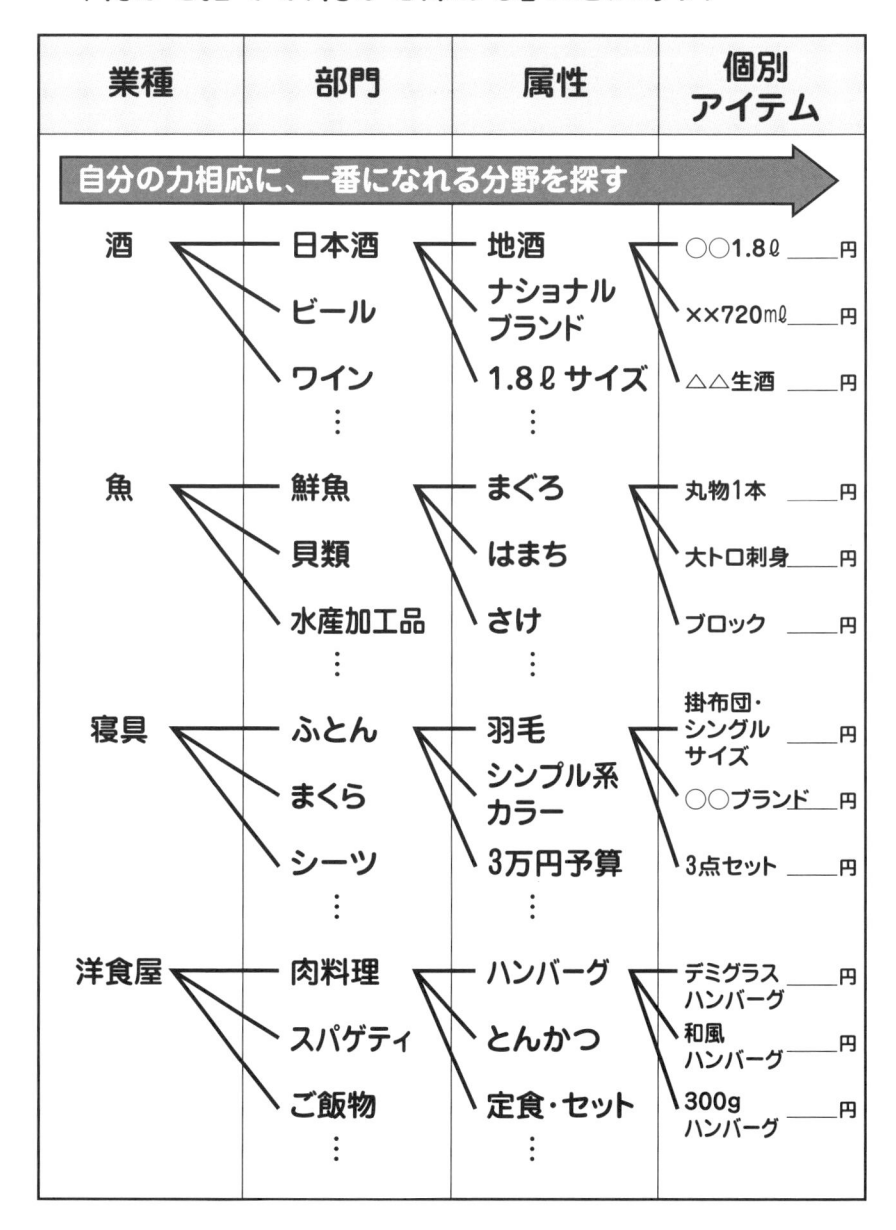

業種	部門	属性	個別アイテム
自分の力相応に、一番になれる分野を探す →			
酒	日本酒	地酒	○○1.8ℓ ＿＿円
	ビール	ナショナルブランド	××720㎖ ＿＿円
	ワイン	1.8ℓサイズ	△△生酒 ＿＿円
	⋮	⋮	
魚	鮮魚	まぐろ	丸物1本 ＿＿円
	貝類	はまち	大トロ刺身 ＿＿円
	水産加工品	さけ	ブロック ＿＿円
	⋮	⋮	
寝具	ふとん	羽毛	掛布団・シングルサイズ ＿＿円
	まくら	シンプル系カラー	○○ブランド ＿＿円
	シーツ	3万円予算	3点セット ＿＿円
	⋮	⋮	
洋食屋	肉料理	ハンバーグ	デミグラスハンバーグ ＿＿円
	スパゲティ	とんかつ	和風ハンバーグ ＿＿円
	ご飯物	定食・セット	300gハンバーグ ＿＿円
	⋮	⋮	

❸ 圧縮法を利用しながら商品の一番化を図る

■圧縮法とは

　一番化のための「商品構成」、つまりある分野での圧倒的品揃えができ、店舗やカタログ、チラシなどに、少しスペースがあるのなら、そこに、これまでの取扱商品（絞り込みにより「捨てる」商品）を、在庫量を減らすことなく「圧縮」して置きます。

　お店では売場にうず高く積み上げ、カタログやチラシには、小さい文字でズラリと値書きをするわけです。このように圧縮することで、今までのお客様が離れていってしまうリスクを最低限に抑えることができます。これを「圧縮法」と言います。

■一番化するときの注意点

①できるだけわかりやすいもの＝市場規模の大きいものを選ぶ……たとえば「日本酒で一番」ならわかりやすいですが「料理酒で一番」を志向しても、お客様に伝わりません。これでは、売上を伸ばすことは難しくなります。力相応に、できるだけ「わかりやすい商品」で一番化を狙いましょう。

②購買頻度の高いもの、儲かるものを選ぶ……お客様が頻繁に買うものを一番化すれば、それだけ来店回数が増えることになります。そうすれば、その他の商品のお買上げのチャンスが生まれ、売上を伸ばしやすくなります。また、売って儲かるもの（粗利の取れる商品）であるかどうかも大切なチェックポイントです。

③商品と販促・売場・接客を連動させること……ある分野で、圧倒的な品揃えをするだけでお客様が来てくれるのかと言えば、答えはＮＯです。その商品を数多く載せ、詳しい商品情報を伝える販促物を作成し、宣伝することも必要です。店頭はひと目で「何に強いお店か」がわかる外観とし、店内はＰＯＰやポスター、装飾品などで「さすが専門店だ」と思える演出をします。電話に出るときは「はい、○○の××です！」（○○に一番商品名、××に店名）と応対し、その商品に関する勉強を、店員全員が徹底的に行ないます。商品を軸として、販促・売場・接客のすべてがナンバーワンとなるように変えるのです。

商品を一番化する方法

●競合他社との比較　―お客様の目に見えるアイテム数―

部門	のぼり	募集看板	誘導看板	ビニールシート	スタンド看板	総ページ数
自社	250 アイテム	95 アイテム	85 アイテム	22 アイテム	35 アイテム	98 アイテム
最上位者との比較	6.58倍	2.26倍	3.15倍	0.47倍	0.76倍	1.48倍
A社	38 アイテム	37 アイテム	27 アイテム	15 アイテム	46 アイテム	66 アイテム
B社	29 アイテム	42 アイテム	25 アイテム	47 アイテム	14 アイテム	58 アイテム

※不動産業界向けサインの通販カタログの内容分析の一部

ポイント1　総ページ数で他社を圧倒する ― 明らかに差の出る1.3倍以上を目標として品揃えする

ポイント2　特に「のぼり」を強化する ― 売価は安いが、購買頻度が高く、儲かる仕組みのある商品

ポイント3　他部門でも、競争のできそうなところ、マーケットの大きなものは強化

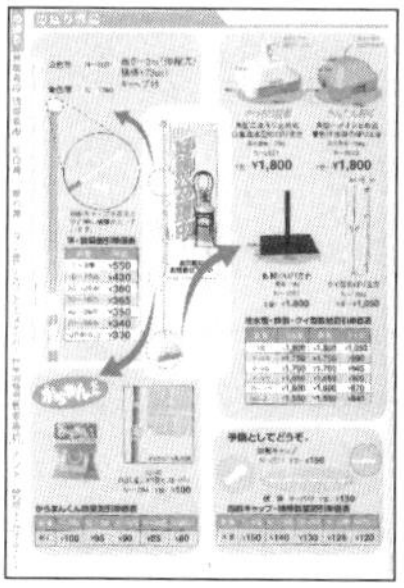

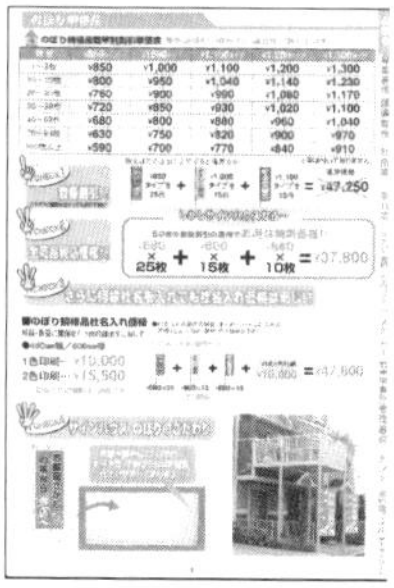

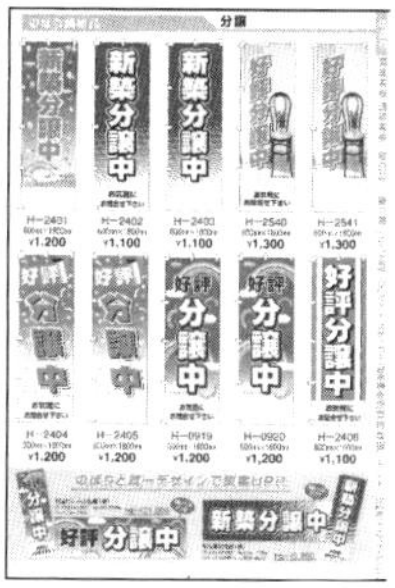

・購買頻度の高い「のぼり」を徹底強化しています。
・のぼりを突破口として、他商品が売れるようになる仕掛けをしています。

4 商圏の一番化で勝ち残る

■「狭く深く」の発想で

あなたが「どのエリアで一番を目指すのか」を決めること。これが商圏の絞込みです。

あなたが目指すのは、日本で一番ですか？　県内で一番ですか？　市内で一番ですか？　徒歩10分圏内で一番ですか？　最終目標は大きくてもかまいませんが、第一にすべきことは「近隣商圏」で一番店シェアを獲得することです。

「もう少し商圏を広げれば（店を出せば、足を伸ばせば、チラシ枚数を増やせば）、そちらのお客様も来てくれて、売上が上がる……」と、安易にこのような行動に走る人が多いものです。しかし、あなたの商売の目的が長く繁栄を続けることであるならば、「広く浅く」の発想でいたずらに戦線を拡大してはいけません。脆弱な基盤が増え、流行や競合店に左右されるだけです。「狭く深く」の発想で限られた商圏内で圧倒的強者の立場を手に入れ、その後、また別の商圏で同じことを繰り返すことが、安定経営を続けるお店の商圏戦略です。

■ある住宅リフォーム会社の例

あるリフォーム会社は、約30万人エリア（チラシ枚数にして約10万枚）を商圏として、チラシを2ヶ月に1度のペース（10万枚×年6回）で配布していました。ところが、10万枚で30件前後の電話受注と、チラシの反応が思わしくないということで、あるときアドバイスを求められました。

そこで私は商圏を見直して、半分の約15万人エリア（チラシ枚数にして約5万枚）と決めました。ただし、年間に配布するチラシの枚数は変えませんでした。つまり5万枚に絞り込んだ商圏に対して、毎月（従来の2倍の頻度で）チラシを配布（5万枚×年12回）してもらうようにしたのです。すると、10万枚（5万枚を2回）のチラシで、50件以上の電話受注がコンスタントに入るようになりました。

絞り込んだ商圏に住んでいる人にとって、最もよく目にする住宅リフォーム会社となるようにすることで、受注件数が1・5倍以上になったのです。

絞り込んだ商圏に対して、他社を圧倒する販促回数を！

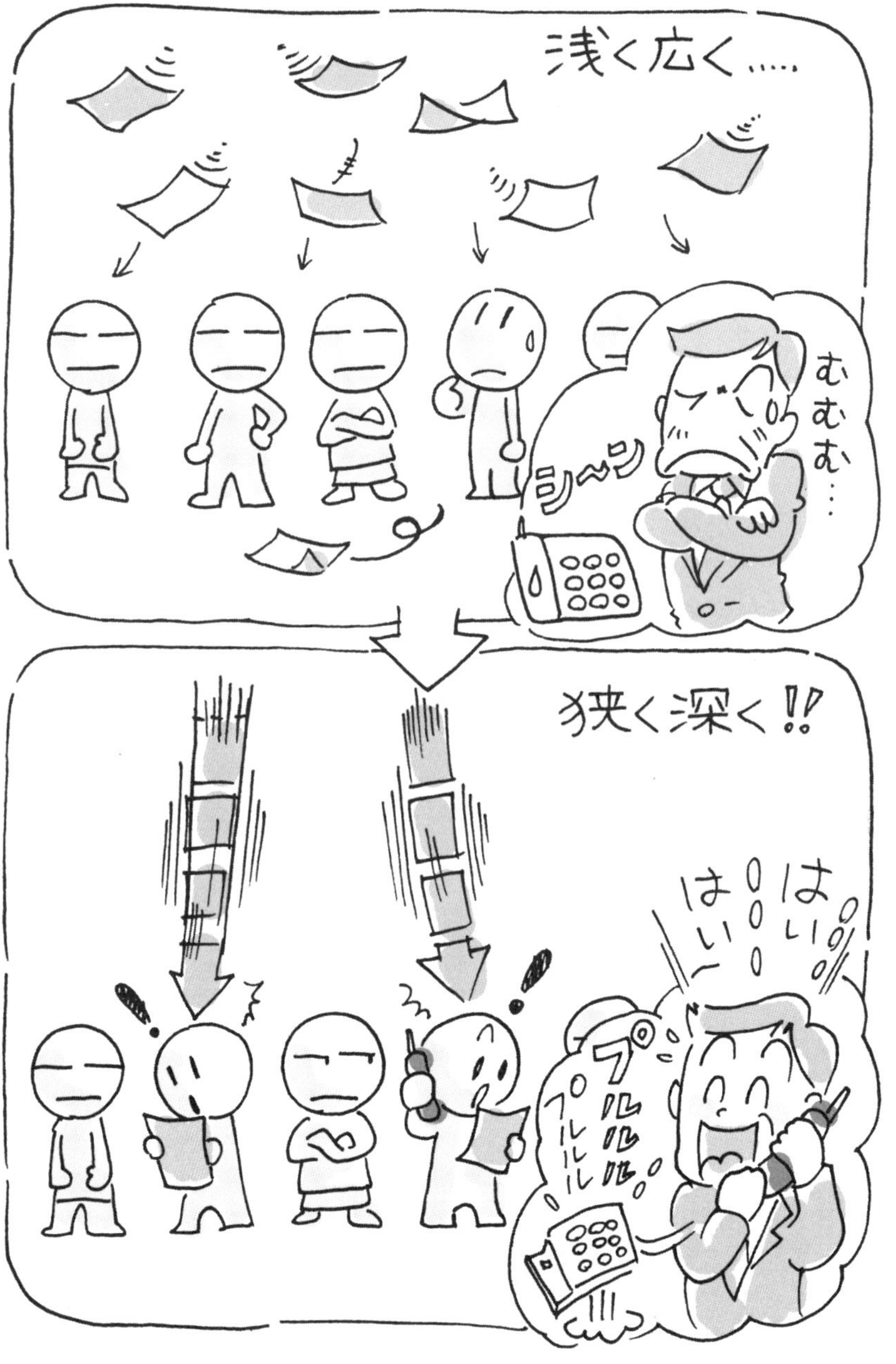

5 客層の一番化で生き残る

■飲食店向けに特化した看板屋さん

「客層」を一番化するということは、「誰に売るのか」ということを明確にすることです。

左のページの看板店の集客用チラシは「飲食店のための看板を専門に扱っています」というタイトルで、飲食店へダイレクトメールとして送付したり、訪問してお渡ししたりしています。

もちろん、この看板屋さんが飲食店以外の業種の看板を作ることができないかといえば、そのようなことはありません。どんな業種の看板でも上手に作ることができるのです。数多くの業種の看板を作ってきたなかでも、特に自信のある「飲食業界」に特化して、次々と受注を獲得しているのです。

一般的には、せっかくPRするのなら「あらゆるお店の看板を作ります」「どんなご要望にもお応えします」と幅広い客層をターゲットにしようとします。しかし買い手からすれば、よほど知名度の高い看板店からの案内でない限り「あらゆる看板……」には、心動かされません。「当社はあなたの業界の看板作りが得意です」とお客様の層を特定すれば、「おっ、ウチの業界のことに詳しい看板屋か、どれどれ……」となるわけです。

■子供連れの女性をメインにしたクリーニング店

同じく左ページ下の写真は、クリーニング店の待合スペースです。このお店では、子供連れの女性をメインの客層と絞り込み、受付中も子供が遊べるコーナーを作ったり、子供の目線で見えるカウンターの下に人形をつるしたりと、お母さんの目の届くところで退屈せず安全に遊べるよう工夫をしています。さらに、荷物が多くなる春の季節には、無料で集配サービスを行なったりと、「小さなお子様のいる女性」が利用しやすい店作りをしています。

あなたのお店を利用しているお客様の特徴は？　同業他店のお客様に比べてどんな方が多いですか？

そのような方々に、どのようなサービスをすれば喜んでいただけるのかを追求することが、「客層」の一番化です。

客層を一番化する　―メイン顧客のためにすべてを変える―

「どの客層で一番化するのか？」を決めるとき、世の中全般のお客様のなかから特定するのではなく、「今、現在ご利用いただいているメイン顧客」が、どうすればもっと支持してくれるのかを考えるとわかりやすい。

●看板店の集客用ダイレクトメール

▲飲食業界に特化した内容と、それに対応した圧倒的な品揃えをしています。

●クリーニング店の店内

▲お子様が楽しめるグッズを揃えています。

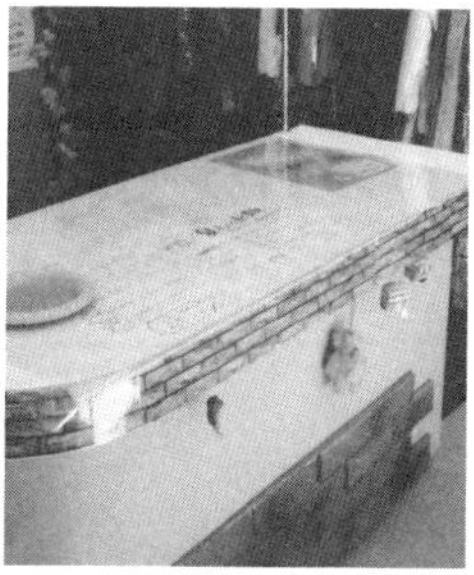

▲カウンターは木目とレンガ調。

▲メニューも女性向けに！

6 ライフサイクルを知れば、売り方が見えてくる

■長期的視点から売り方を考える

人が生まれて、成長し、ピークを迎え、やがて死んでいくように、あらゆる商品、業種・業態には「ライフサイクル」があります。人口（消費者）が永遠に増え続けない限りは、いつまでも同じ売り方で、売れ続けることはありません。

あなたの商品、業種・業態が、今、どのポジションにあるのかということを長期的視点から捉え、今、それに適した売り方を実行し、さらに5年先の来るべき時代に備えれば怖いものはありません。

■ライフサイクルに応じた活性化法

・**導入期**……人で言えば「幼年期」です。新しい商売を産み出すアイデアや開発力、それに身を投じる度胸が必要です。当たれば大きいが、失敗の数も多い、という時期です。

マス広告（CMや雑誌広告など）で、そのお店の存在が、お客様の役に立つものであることを知らせることが必要です。

・**成長期**……伸び盛りの「青年期」に当たります。市場の成長スピードに、事業者の数が追いつかない時期で、やれば儲かるため、当然、参入業者も多くなります。

価格と価値をわかりやすく提示し、ピンからキリまで何でも揃う「総合力」を圧倒的なPR量で伝えることでお客様が集まります。また、この時期に「顧客名簿数」を増やしておけば、後の後退期、安定期に「リピート顧客」で売上を作れます。

・**ピーク・後退期**……ピークとともに衰えが始まる「壮年期」です。大型化・低価格化・多店舗化がすでに始まっており、市場は飽和状態となっています。

お客様の購買経験が増えることにより、「自分の欲しいものが、より品揃えされている」ところで買い物するようになります。

自社の長所を活かし、商圏や商品、価格帯、客層を明確にして、徹底的に深めた「差別化」戦略が奏功します。「××で有名」「××の品揃えではナンバーワン」というお店作りをしなければなりません。

ライフサイクルに応じた活性化方法が存在する

名称	導入期	成長期	ピーク・後退期	安定期
ライフサイクル曲線	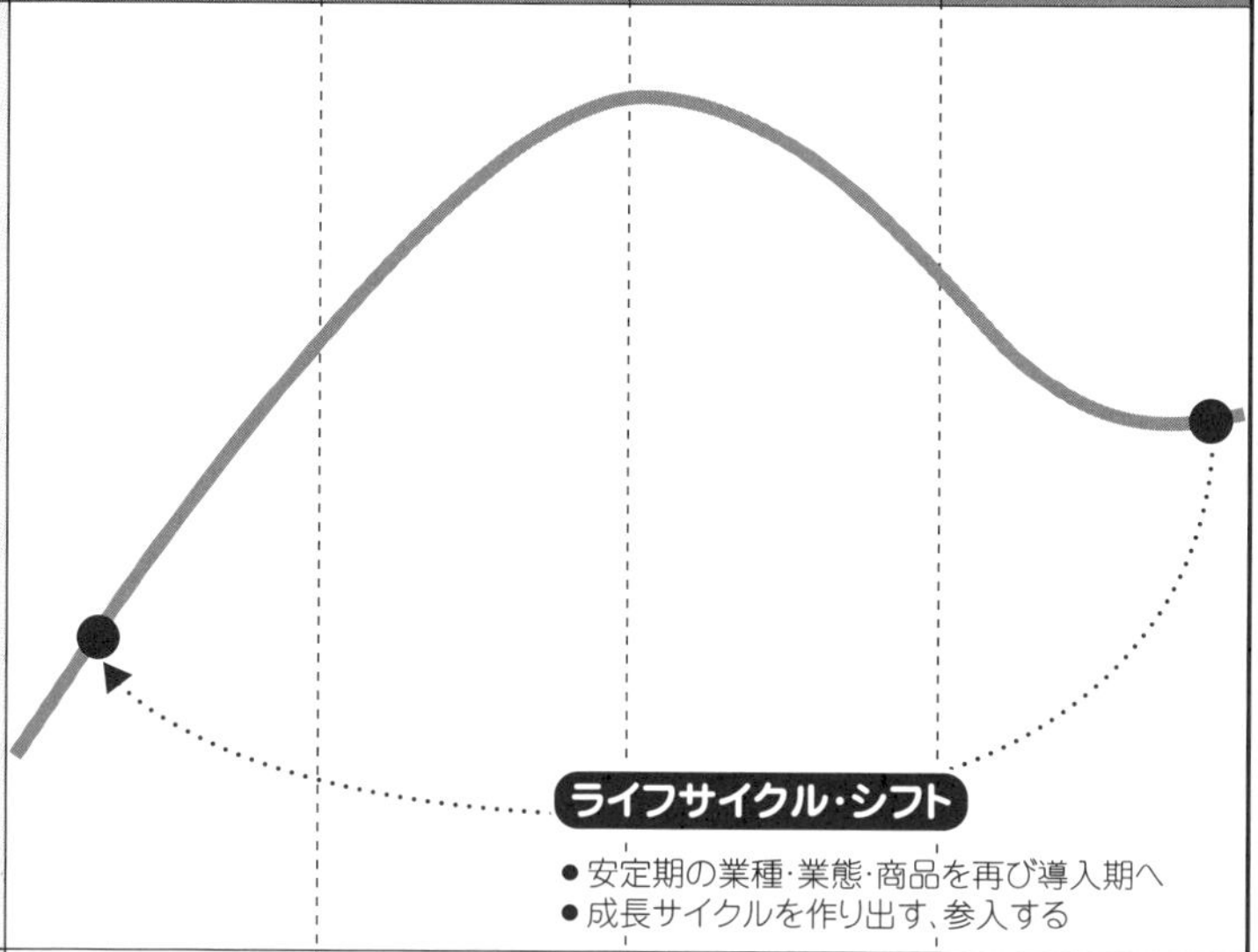			
人間なら	幼年	青年	壮年	熟年
商品・売り方の普及率	低い ←	100%	2回目以降の購買 →	高い
お客様の買い方	新しい、珍しい 私も体験したい	よい悪い、多い少ない 何でも揃う	自分の欲しいもの 好み、予算に合う	価値観、コンセプトが合う あの人から買いたい
活性化のポイント	アイデア・開発 早期参入	ピンキリの品揃え（総合化） 圧倒的なPR力	差別化（専門化） 一番化（商品・商圏・客層）	人財力 個別対応（単人管理）
有効な販促手段	CM、雑誌 〈マス広告でイメージ定着〉	チラシ、ポスティング 〈商品価値・価格を伝える〉	ダイレクトメール 〈絞り込んだ販促法〉	接客・営業力 〈お客様と親しくなる〉
リーダーの資質	度胸と発想力	勢いと実行力	緻密さと設計力	理念・哲学と育成力
現象	当たれば大きいが、失敗することも多い	市場の成長スピードに店舗数が追いつかない（参入が多い）	需給バランスが崩れ特長を出したところが生き残る	お客様が人につく 売る人によって差が大きくなる
代表的業種	中国・環境・介護ビジネス	リフォーム・リサイクル・ボディケア	携帯電話・コンビニ・スーパー	美容室・衣料品・貴金属

7 ライフサイクル・シフトで安定期を導入期に！

■安定期の活性化の方法

前項の続きですが、後退期を過ぎると、安定期に入ります。安定期は、人の一生で言えば「熟年期」ということになりますが、市場は縮小・安定傾向となります。

お客様の好みは多様化し、「自分の価値観に合うお店で買いたい」というお客様が増えます。人による業績の差が大きくなり、リーダーには人材を育成するための理念や哲学（経験に基づいた価値観）が求められます。新規顧客の獲得が難しくなり、既存顧客ごとに完全個別対応できる販促や接客力が活性化のポイントです。

■ライフサイクル・シフトとは

「私の商売は、もう安定期に入ってしまったから……」と嘆く必要はありません。確かにライフサイクルが進めば進むほど、売上の伸ばし方が難しくなってくることは否めません。しかし、安定期に入ってしまった商売を、再び導入期に戻すこともできるのです。これを「ライフサイクル・シフト」と呼びます。

あなた自身がライフサイクルに規定されずに「成長サイクル」を発見し、このラインを主体的かつ自由自在に使いこなしてください。

■ライフサイクル・シフトの例

・日本茶の業界は安定期に入っていたが、缶入り日本茶・ペットボトル入り日本茶を開発したことで、再び導入期に入った。

・歯科医業界は、通常の診療では安定期に入りつつあるが、歯が痛くない人も対象となりえる歯のクリーニングやホワイトニングという商品は導入期にある。

・看板業界は、工務店・広告代理店の下請けとして「依頼どおりに看板を作ること」では安定期だが、一般商店からの直接受注で「お店の業績アップに貢献するサインを作る」ことでは導入期にある。

・ある工務店の営業マンは、肉体的・経験的には安定期にあるが、「お客様へのお手紙営業」に感銘を受け、60歳にしてはじめて見込客への手紙を書き始めた。彼にとってこの営業法の導入期であり、同時に精神状態もフレッシュな導入期へ戻っている。

ライフサイクル・シフトの例　●カーテン業界●

カーテン業界はライフサイクル「安定期」。「メーカー正規品を○%OFF」という価格競争が激しくなっている。

↓

「オーダーカーテン1万円ショップ」は、値引きではなく、「何を選んでも、すべて1万円」という新しい価値を提供したことで、ライフサイクル・シフトを起こし、再び導入期へと入った。

↓

◀左のチラシでは、「どんな新しい商売なのか？」ということが伝わりにくかった。▼下のパターンのチラシへ変更したところ、業態認知がすすみ、売上が急拡大し始めた。

はじめて利用するお客様に安心感を与えるために、店舗の外観・店内・数多くの商品を掲載

1万円を強調するために「福沢諭吉」を起用

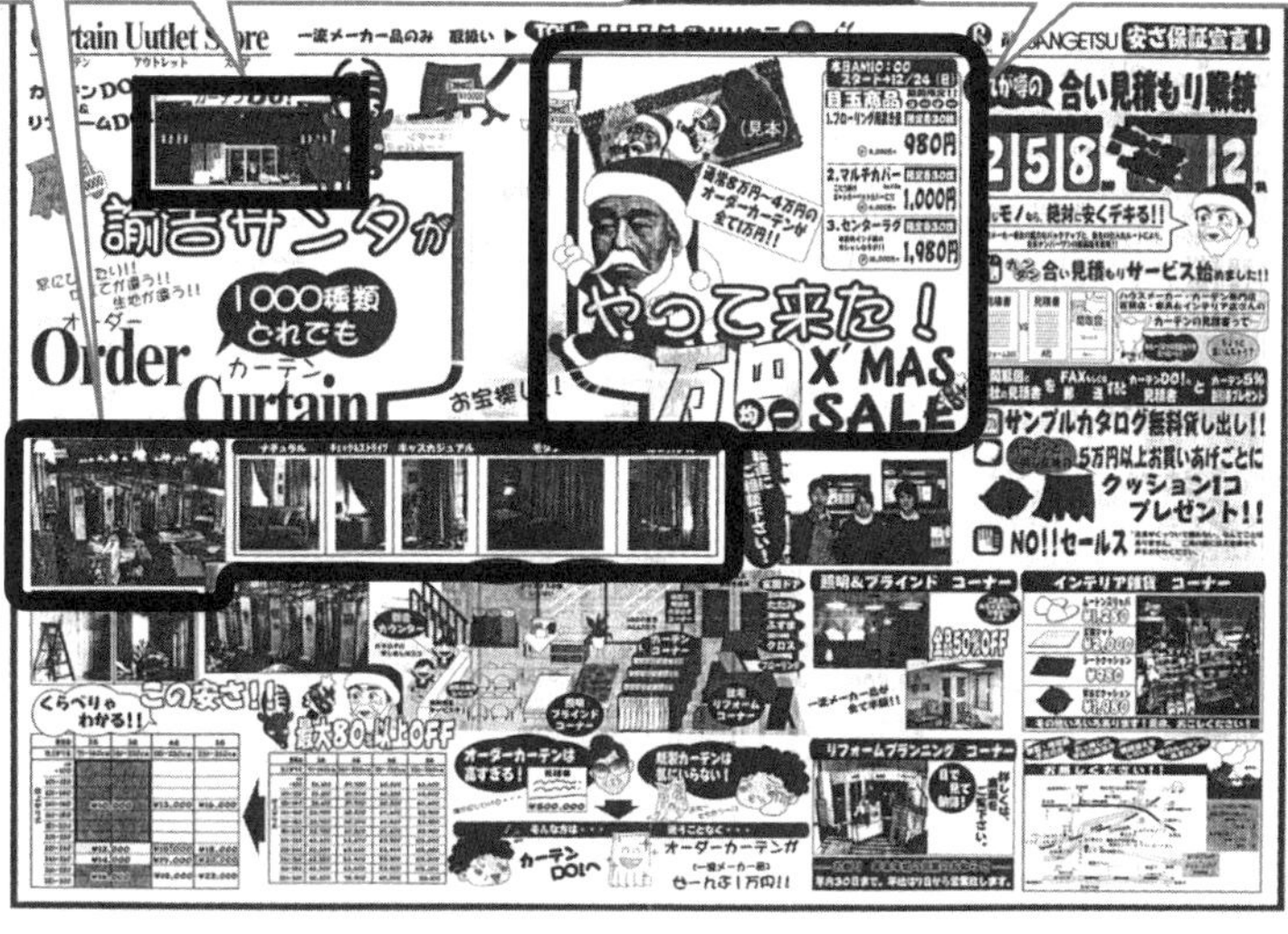

8 この商品を売れば、売上が伸びる

■どんな商品にテコ入れするか

商売は、商品を売って、その対価としてお金をいただくことで成り立っています。その結果が売上です。売上は商品をどれだけ売ったのかによって決まります。しかし、たとえば「売上を10%アップ」させるとしても、何百点あるいは何万点に及ぶ取扱商品を、すべて一律に10%アップさせるわけではありません。

10%以上の伸び率で上がっている商品もあれば、現状維持の商品もあり、下がっている商品もあるのです。

それでは、数多くの商品アイテムのなかで、どんな商品にテコ入れしてゆけばいいのでしょうか。物事にも経営にも「勘どころ」があります。勘どころとは、ここをちょっと変えれば、たちまち全体がよくなるというツボのことです。

■重点販売すると全体の売上アップに効果のある商品

①売れ個数ナンバーワン商品……1年間を通じて、最も販売個数（件数）が多い商品です。販売個数が多いということは、それだけ数多くの人が買ってくれている＝集客のために効果の高い商品であるということです。これを売れば、客数が伸びます。

②粗利金額ナンバーワン商品……1年間を通じて、最も粗利金額の大きい（粗利構成比〈商品の粗利金額÷年間総粗利金額×１００〉が最も高い）商品です。売って「儲かる」商品ですから、あなたの店の主力商品と言えるはずです。

③伸び個数・金額ナンバーワン商品……1年間を通じて、最も売上の伸びが高い商品です。お客様の支持が集まりつつある伸び盛りの商品ですから、他社に負けず確実に育ててゆけば、将来、売れ個数あるいは粗利金額ナンバーワン商品となりえるのです。

④季節指数ナンバーワン商品……1ヶ月前後の単位で「その季節が1年のうち最も売れる」という商品を「季節指数ナンバーワン商品」、通称、季節商品と呼びます。新規のお客様を獲得するための「きっかけ」としても、既存のお客様からさらにお買い上げいただくための「提案商品」としても、効果の高い商品です。

この５つの商品を重点販売すべし！

	収益商品 お金を稼いでくれる商品	集客商品 お客様を呼び込む商品
絶対金額（個数）ベスト10 現在のスター商品	A 粗利金額ベスト10商品	C 販売個数ベスト10商品
伸び金額（個数）ベスト10 将来のスター候補商品	B 粗利伸び金額ベスト10商品	D 販売伸び個数ベスト10商品

＋ 季節商品 E

↓

●絞り込んだ5つの商品を徹底的に売り抜いたときのシミュレーション

収益商品（粗利）			集客商品（個数）		
目標	現状を分解する				目標
重点販売で30%UP	金額No.1商品 A	伸び額No.1商品 B	個数No.1商品 C	伸び数No.1商品 D	重点販売で30%UP
A+B 650万円 ←	A+B 500万円		C+D 3000個		→ C+D 3900個
現状維持でOK 1000万円 ←	A・B以外の商品計 1000万円		C・D以外の商品計 7000個		→ 現状維持でOK 7000個
10%UP! 1650万円 ←	総粗利金額 1500万円		総販売個数 10000個		→ 9%UP! 10900個

→ **5つの商品でトータル売上は20%以上UPする！** ← 季節商品E ← 重点販売で30%UP

9 重点商品を売りまくる方法（その1）

前項で紹介した４つの重点販売商品を売り抜く方法について、ここでまとめておきましょう。

■目標設定

「ちょっと達成することが厳しいかなぁ」というくらい高めの目標（ストレッチ目標）を、期間限定で設定します。結果的に目標数字に届かなくても、以前よりも売上を伸ばすことが目的ですから、そのことをスタッフに説明して、「それに向かって、チャレンジしてみよう」と、自主的に数字を出してもらうことがベストです。

また、チームごと、店舗ごとに、数字を競い合うキャンペーンを行なう場合は「売上規模の大きいお店や、立地条件のよいお店が有利で、もう勝負が決まっている」と、最初からやる気のないスタッフも出てきます。そんな場合には、絶対数量だけでなく、客数に対する比率や売上に対する比率などを加味した目標も設定すると、達成意欲が生まれます。

■現物展示とボリューム陳列

お客様の目に触れるように商品の現物を露出させることと、その商品をボリューム陳列することも重要です。ボリューム陳列とは、数量を多く立体的に商品を並べることです。「何ですか、これは？」とお客様のほうから聞いてくるくらいのボリューム感を出します。現物を体験してもらうことに勝るセールスはありません。

■ポスター・POP

商品の価格や価値ポイントを伝えるために、ポスターやＰＯＰを作成します。

■手配りビラ

お客様は、商品をすぐその場で買うとは限りません。じっくり検討してから買いたいタイプの人もいます。このため、それを見れば、どんな商品なのかがよくわかる保存用の手配りビラを用意して、その場で買わなかったお客様にお渡しします。

■一声かけ

販売スタッフが、全員のお客様に「今、○○のキャンペーンをしていますので、もしよろしければ……」と、必ず声かけをします。

クリーニング店のYシャツ回数券販売

「現物を露出させること」
や「ボリューム陳列」は、
最強のセールス。
「モノ言わぬ販売員」
であるPOP。
品名・価格だけでなく、
お客様にとって、どんな
メリットがあるのか？
というお勧めフレーズ
を入れます。

鮮魚店の季節商品拡販ポスター

縮小版を手配りビラとしても活用。手書きの心こもった内容です。

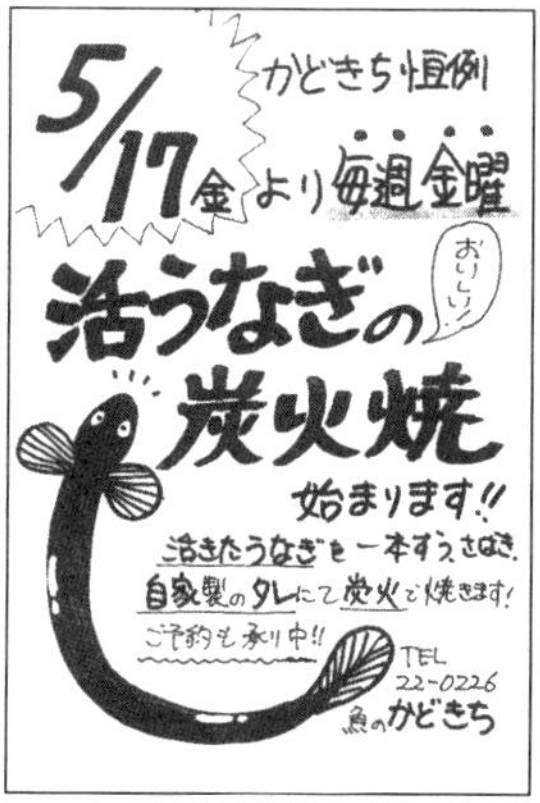

10 重点商品を売りまくる方法（その2）

ここでは前項に続けて、重点販売商品を売り抜く方法についてまとめていきます。

■途中経過報告

たとえば、キャンペーン期間が1ヶ月間なら、10日ごとに店別途中経過の結果速報を流します。人間誰しも、多少の「競争心」と「他人のことが気になる心」、それに「注目されたい心」があるものです。この心理を活用したものが、途中経過報告です。

数字の集計結果とともに、成績優秀店舗（チーム）がどんなことを実施しているのかをわかりやすくレポートにまとめて全員に知らせる（成功事例を広める）と、加速度がついて数字が伸びてきます。

あなたのお店や会社に限ったことではなく、多くのお店や会社では「キャンペーンをやるぞ！」と呼びかけても、最初から全員がそれに向かって、積極的に動くわけではありません。

まず、一部の前向きな人（全体の10％程度）が、頑張ります。それにつられて「頑張りたかったけれども、自信がなかった」という人（20～30％程度）が、はじめに結果を残した前向きな人の「頑張り方」を見て動き始めます。

そして最後に「どちらでもよかったけれども……」という人が触発され、全体として「キャンペーンに前向きに参加することが当たり前だ」という雰囲気に変わっていきます。

なお、キャンペーンのスタートにあたり、できるだけ多くの人が納得できるように、目的を伝えることも大切なポイントです。

■成功例の蓄積と活用

重点商品を拡販していくために、さまざまな取り組みが各店舗で行なわれますが、それをノウハウとして集約しておくことが必要です。

効果的に熱意とノウハウを伝染させることは、リーダーの役割の1つです。リーダー業とは情報流通業です。情報をうまく組織内で流通させることで、売れるサイクルを巻き起こすのです。

重点商品拡販キャンペーンを成功させる秘訣は、情報流通にあり！

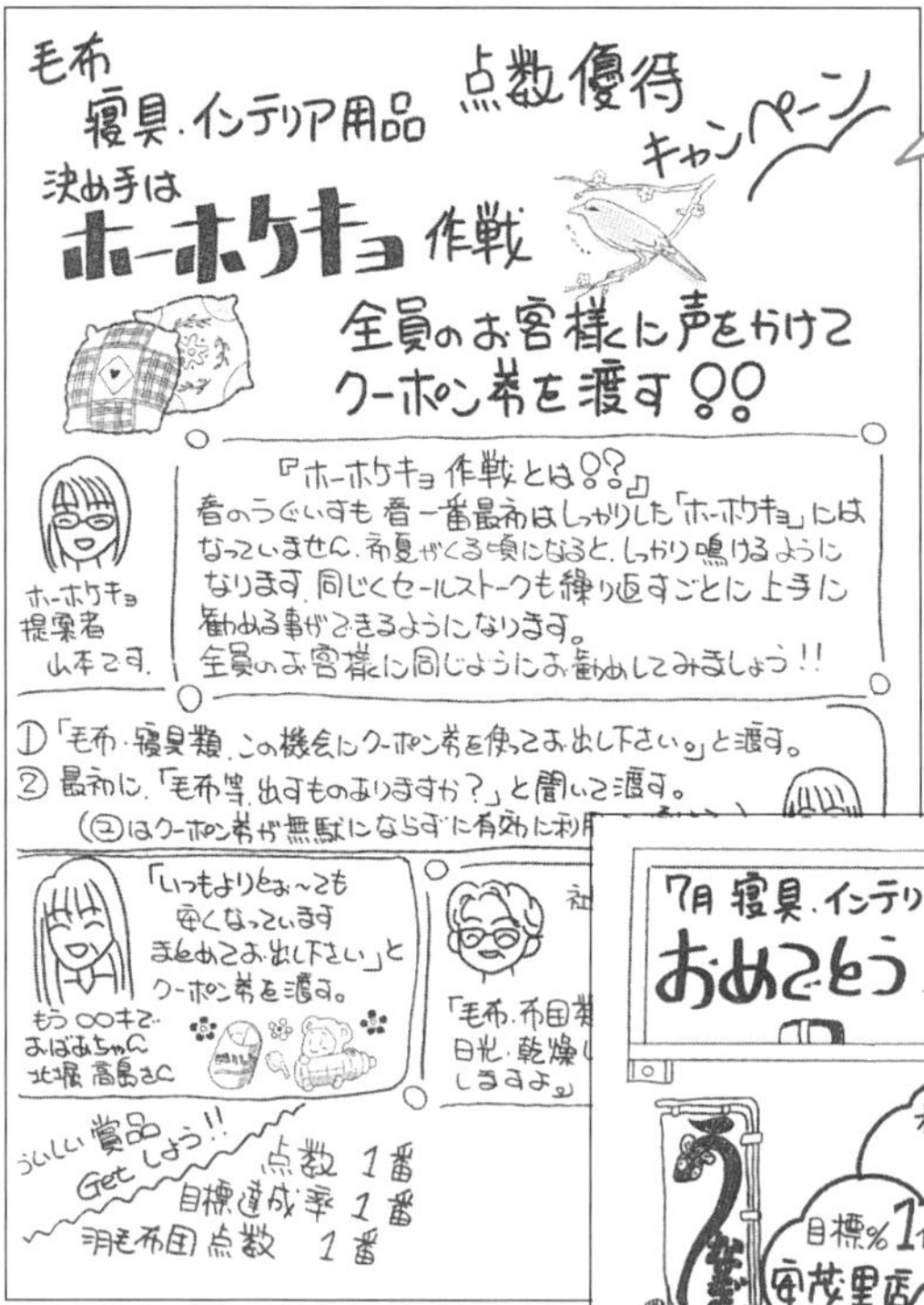

キャンペーンのスタートを全社員に告げるチラシ

・自分も楽しみ、スタッフも楽しみながら、キャンペーンを行なえるよう、工夫がされています。

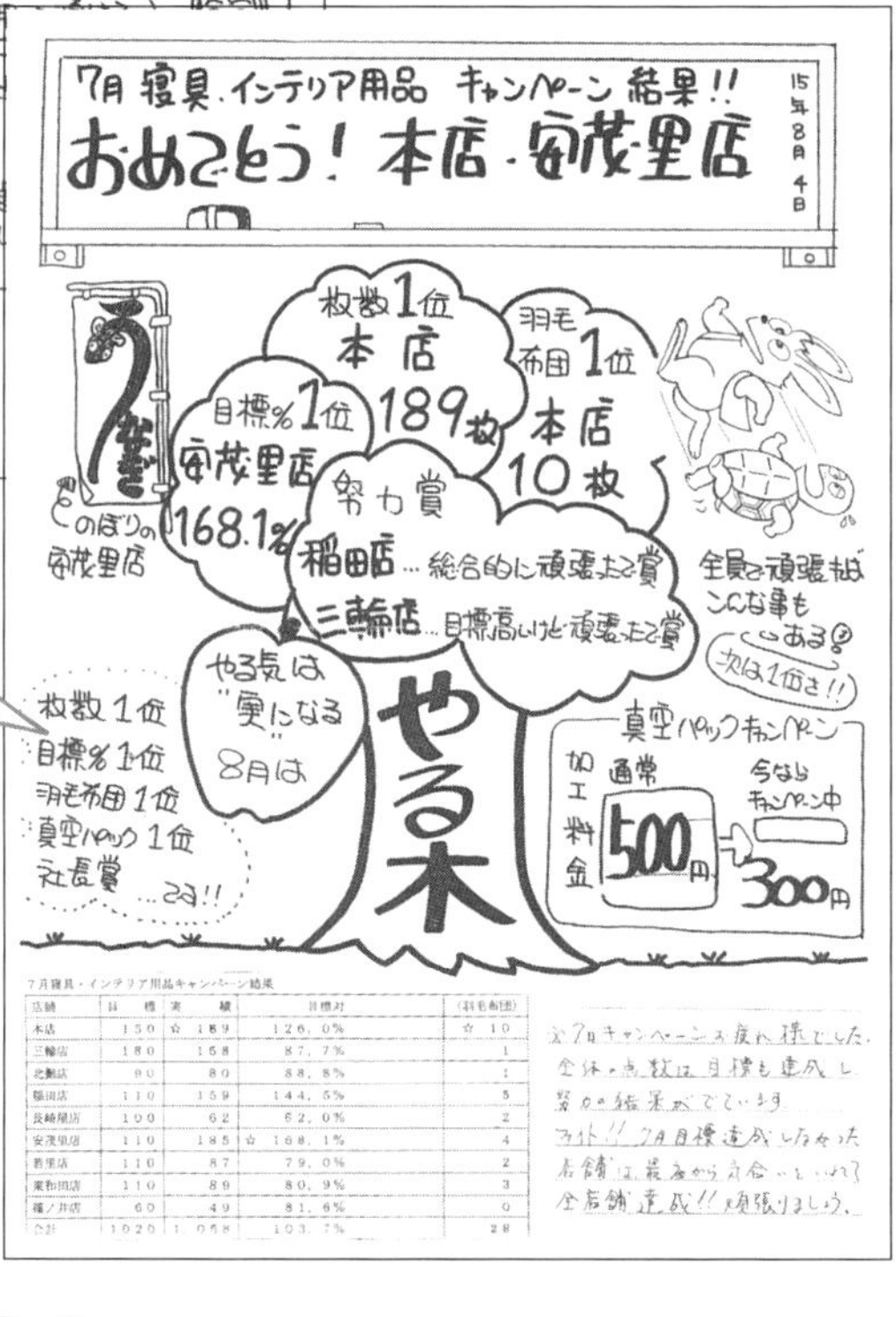

店舗	目標	実績	目標対	(羽毛布団)
本店	150	☆ 189	126.0%	☆ 10
三輪店	180	158	87.7%	1
北鯖店	90	80	88.8%	1
稲田店	110	159	144.5%	5
長崎屋店	100	62	62.0%	2
安茂里店	110	185	☆ 168.1%	4
若里店	110	87	79.0%	2
東和田店	110	89	80.9%	3
篠ノ井店	60	49	81.6%	0
合計	1020	1,058	103.7%	28

キャンペーンの結果を報告するチラシ

・キャンペーンをやりっぱなしでは決して終わらせない。
頑張ってくれた人たちを表彰する。

会社やお店にお客様を集める販促も大切ですが、社内のスタッフたちへの販促も大切！　こうして、数値意識や経営者感覚が育っていく。

11 低単価・高頻度の集客商品を活かそう

■集客商品とは何か

低単価（価格が安く）で、高頻度（お客様が頻繁に買う）の商品に力を入れると客数が増えます。1章の2項で述べた「販売個数の多い商品」がこれに当たります。いわゆる「集客商品」です。

・宝石店ならば、ピアス
・写真館ならば、証明写真
・園芸店ならば、球根や苗
・住宅リフォーム店ならば、襖や障子
・洋菓子店ならば、シュークリーム
・仏壇店ならば、線香や念珠、がこれらに当たります。

■集客商品に力を入れることのメリット

①お客様が買いやすい商品であるため、来店頻度が高まります。その分、来店頻度が低い商品を扱う場合よりも「一番化」に要する期間が短くてすみます。

②規模の大きなライバル店が、「非効率である」「儲からない」といった理由で、力を入れて売っていない商品が集客商品になりやすく、差別化の突破口となります。

③集客商品ばかり売っていても利益にはなかなかつながりませんが、「一番安い○○が、あれだけよい品なのだから……」と、高単価で利益の取れる商品を購入してくれるようになります。あなたが本当は「売りたい」と思っている商品を買ってくれるお客様予備軍を作るための「きっかけ商品」となります。

④集客商品を多く購入する客層は、その業種に対してお金をよくつかう「エクセレント・ユーザー（優良顧客）」であることが多いのです。

■お客様は集客商品で品質を判断する

お客様は、そのお店や会社のすべてを、この「集客商品」で判断しているということを忘れないでください。

集客商品の品質が悪いと他の商品まで品質が悪い、集客商品群の品揃えがよくないと他のジャンルの商品まで品揃えが悪い、というイメージが定着してしまいます。

ちなみに、低単価・高頻度商品の品質を落とさず、海外生産・大量生産・効率化などによりコストを下げることに成功すれば、一気に高収益企業への道が開けます。

集客商品を売れば客数が増える！

おいしいよ
シュークリーム
まいど ありがとね!!
きのうは シュークリームと チーズケーキで、
今日は シュークリームと イチゴタルトで、
明日は シュークリームと…

12 価格競争ではなく価値の訴求を

■「価値」をＰＲすれば伸びる

クリーニング業界の集客商品（売れ個数ナンバーワン商品）はＹシャツ。やはり価格競争に巻き込まれやすい商品です。

大手チェーン店は価格競争力があるため、「Ｙシャツ１００円」と店舗の看板・ガラスシートやチラシで格安プライスをどんどんＰＲしてきます。これに対して中小のクリーニング店は、「ウチはあんな価格ではとても採算が合わないから、他店より高い価格を打ち出しても無意味だ」という理由で、集客商品であるＹシャツのＰＲをすることをはばかっているお店が多いのです。

ところが、価格だけでなく「価値」をＰＲすれば、Ｙシャツの売れ個数は急激に伸び始め、それにつれてお客様の数も順調に伸びてきます。

「そうは言っても、ウチの商品は、別に特別なものじゃないよ。ヨソのお店でも普通に売っているもんだよ」とか「価値なんて、特にないねえ」という声を耳にします。

■当たり前のことをわかりやすく丁寧に

しかし、価値のＰＲはそれほど難しいものではありません。その商品のプロである皆さんが「常識である」と思っていることや、お客様と一対一になったときに説明している接客トークを、わかりやすい言葉で、販促ツールに書き込むだけでよいのです。

同業者から「そんなこと、当たり前だ」「モノは言いようだ」と言われるような内容を、丁寧にお客様に伝えることが必要なのです。商品が売れないのは、価格が高いからではありません。その商品の価値をお客様に伝える努力をしていないからです。

それでは、どのように価値ポイントをＰＲすればいいのでしょうか。

その商品は、①どんな素材を使っているのか？、②どんな製法（作り方）なのか？、③どんな効果があるのか？、④どんなお客様にお勧めなのか？、⑤どんな場面で使用するのが最適なのか？、という５つの視点で表現するのです。

クリーニングのマツオカ
当店処理点数No.1実績品
まずワイシャツで
違いを、お確かめください！
ご存知でしたか・・・？
形状記憶シャツも縮みます。
ワイシャツは洗う度にエリとカウスが縮み、内側にタテジワができるんです。
実は・・・
そこで当店では最新鋭の『復元プレス機』を導入し、エリやカウスの縮みを、伸ばし新品時の状態に、その都度復元しています。
こだわり① 復元 エリ、カウスの縮みなし。世界初・エリ、カウスの縮みを復元します。
ワイシャツ（立体仕上げ）
復元プレス付き
通常150円を
135円
会員様はセール終了後もこの特典価格です。
こだわり② 白さ 洗う水は軟水使用。衣類にダメージを与えず、まっ白に仕上がります。
こだわり③ 洗い ワイシャツは全品2度洗いします。浸み込んだ汚れを逃がしません。
こだわり④ 汚れ 受付けすぐ特殊助剤で前処理します。ガンコなエリ・ソデ汚れも落します。
こだわり⑤ 着心地 肌にやさしいタピオカを原料とした天然のり使用。のり加減が選べます。
こだわり⑥ ハンガー エリがピンと立つ独自ハンガー使用。クローゼットに収納できすごく便利。
こだわり⑦ サービス
1. ノーマル、のりなし、のり固めが無料
2. 8種類のボタン替えが無料
3. 朝11時お預り、夕方5時お渡し無料
4. 不備があれば再洗い、再プレスが無料
10/6(月)
コンビニam pm真向かい!!
新装開店
ロングコート 720円
ダウンジャンパー 1080円
綿ズボン 200円
カーディガン 225円
セーター 200円
厚手カーディガン 330円
厚手セーター 300円
クリーニングのマツオカ SINCE 1925
きれいにすることにこだわりつづけて78年
江戸堀店（酒井米穀店内） TEL.06-6441-4460
九条店（稲田屋内） TEL.06-6581-4959
同時協賛セール九条店
汗ぬきクリーニング
大人気

▲Yシャツ1枚のクリーニングにも、これだけこだわる！
品質にはもちろん、お客様に伝えることにもこだわっています。
集客商品＝最低価格品に会社の魂が宿ります。

❶ 売れないのは価格のせいではない

❷ 長所を伸ばせば、売上も伸びる

❸ 長所伸展法を縦横無尽に活用する

❹ 商品の「向こう側」を表現する

❺ マーケティング発想力を鍛える

❻ 覆面品質調査で、自店の商品を常に鍛え続けよ

❼ 売れ筋価格の法則

❽ お客様の声が新商品・新事業をプロデュースする

3章

商品で既存顧客を引きつける方法

1章	90日間で売上を1.5倍にするマーケティング計画を作ろう！

関わり方の具体的事例		お客様	
		新規顧客	既存顧客
自分	商品	2章	3章
	販促	4章	5章
	店舗	6章	7章
	人	8章	9章

資料編	90日間売上アップ行動計画のサンプル

1 売れないのは価格のせいではない

■定食屋のメニュー表

A店「親子丼　５００円」

B店「親子丼　５００円　開放鶏舎で放し飼い、自然の穀物主体の餌で育てられた○○鶏を使用しています。秘伝の配合のダシに、ふんわり卵でとじた一度食べるとやみつきになる味。脂っぽい食事を控えたい方にもお勧め！」

A店、B店それぞれの店頭に、こんなポスターが出ていました。お客様はどちらのお店に入るでしょうか？

おそらくB店に入るお客様が多いでしょう。その理由は、５００円の親子丼がどんな味なのかを、お店が詳しく知らせているからです。

このように、「○○という商品が、どんな商品なのか」をお客様に伝えることが「価値」のPRです。

どんな商品にも必ず「価値」があります。商品が売れるか売れないかということは、お客様が払うお金（価格）に見合った価値があるかないかである、ということを忘れてはなりません。価格と価値のバランスで、売れるか売れないかが決まるのです。

■安易な値下げに走る前に

商品が売れないと、すぐに「価格が高いからではないか」と考え、値下げをしようとしがちです。もちろん、価格を下げれば、一時的に商品は売れるかもしれません。しかしその結果、自店の利益は下がり、競合店はそれを見て対抗策として価格を下げ、際限なき価格競争に巻き込まれていきます。価格競争の最終的な勝者は、お金持ち（資本力のある者）か、長時間労働でガムシャラに働く者のどちらかです。

価格を下げる前にまず考えるべきなのは、その商品がいかにすばらしいものであるかという価値をPRすることなのです。

皆さんのお店の商品（メニュー）の表示方法は、A店のように価格だけをPRするものになってはいませんか？　しっかりと一品ごとに「価値ポイント」を整理して、お客様に伝えるためのツール類に反映させれば、途端に売れるようになるはずです。

どんな商品にも必ず存在している「価値ポイント」を伝えよう!

食関連の例:ブルーベリージャム　1200円

テレビ・パソコン・読書で目を使う方に!

ブルーベリーには目の疲労回復に効く成分が含まれ、古来ヨーロッパでも珍重されてきました。有機栽培ブルーベリーを250個以上コトコト煮込んで作りました。

衣関連の例:ナイロンパーカー　4800円

肌寒い日や雨の日にピッタリ!　シャカシャカ素材のナイロンパーカーはお天気の悪い日でも大活躍。小さく折りたたんでバッグにも入ります。撥水加工済み。

住関連の例:座椅子　9800円

天然木の風合いが落ち着きのある空間を演出します。背もたれのほどよいカーブが長時間の使用でも身体を疲れさせません。ご年配の方、シックな雰囲気を好まれる方に人気!

2 長所を伸ばせば、売上も伸びる

■短所改善法は期待できない

売上にしろ、人にしろ、調子が悪くなってくると、その原因を作り出している「悪いところ」に目がいってしまい、そこを改善したくなるものです。

「この商品の売上が落ちてきている。何とか回復させるための手を打とう！」「ここが欠点だから、この人は伸びないんだ。修正しなければ！」という発想による改善の仕方を「短所改善法」と言います。

多くの場合、短所改善法は、お金と時間、そして神経をつかう割には、思うほどの効果が現われません。

■長所伸展法は全体を伸ばす

その逆の考え方が「長所進展法」です。気になる短所よりも「よいところ」に目を向け、そこをさらに伸ばしていくことによって全体を伸ばし、自然に短所も改善していくという方法です。

売上全体が、年間で昨年対比マイナス5％であったとしても、その内訳を細かく見れば、すべての商品が、一律に5％下がっているわけではないのです。伸びている商品もあれば、伸びていない商品もあり、それらのトータルが年間売上金額という結果に出ているだけです。

■長所の発見の仕方と伸ばし方

具体的には、「売上分析表」を活用して、商品ごとの①売上（粗利）金額、②売上個数、③各構成比、④各伸び率、⑤回転率を明らかにすることによって、長所を発見します。

そして、売上分析によって発見した「伸びている商品」を具体的にもっと伸ばすには、つぎのような方法があります。

・商品自体の多グレード化を図る
・関連商品を扱う
・さらによい仕入先を探す
・各種販促ツール（チラシ、パンフレット、ＤＭなど）での取扱スペースを大きくする
・目立つ売場スペースに陳列する
・ＰＯＰやポスターでＰＲする
・販売スタッフが商品の特長を理解する　など

よいところ・伸びているところ・自信のあるものに力を入れる

●売上分析表（長所発見シート）の例

※月平均数字

商品	粗利金額（万円）	伸び率	構成比	売上個数（個）	伸び率	構成比
A商品	500	＋5%	25%	700	±0%	8%
B商品	300	−20%	15%	600	−15%	7%
C商品	250	＋10%	12%	1000	＋15%	11%
D商品	100	−5%	5%	200	±0%	2%
合計	2000（万円）	−10%	100%	9000（個）	−5%	100%

現在の状況

- **A商品**…粗利構成比が高い。一番稼いでくれている商品だが、伸びはいまひとつ。
- **B商品**…昔からの看板商品だが、ここ数年、落ち込みが続く。
- **C商品**…最近、売れている商品。売上個数も多く、伸びている。
- **D商品**…粗利金額・売上個数ともにそれほど多くはない。

長所伸展法による活性化の方向性（優先順位の高いものから順に）

優先順位1 C商品をさらに拡販すること。

優先順位2 A商品のなかで、さらに長所を発見するための売上分析を行なう。

A商品のなかで、売れているサイズ・カラー・素材、売れている得意先・エリア・店舗…を見つける。

→A商品のなかの長所を拡販すること。

優先順位3 B商品には、手をつけない。根本的なリニューアルを考える。

優先順位4 D商品にも、手をつけない。

3 長所伸展法を縦横無尽に活用する

長所伸展法は、商品だけでなく、店舗・人・販促物・受注ルートなど、何にでも応用が可能です。

■店舗への応用

あるフランチャイズチェーンでのスーパーバイザー（店舗指導スタッフ）支援での実例です。

これまで、1人当たり約30の受け持ち店舗を、ほぼ平均的に巡回していましたが、ここ数年、前年割れの成績が続いていました。そこで、売上の伸びている店舗、オーナーが前向きな店舗、スタッフ自身がテコ入れすれば比較的簡単に売上の伸びそうな店舗を、「重点店舗」としてピックアップしました。

「重点店舗」に設定したお店については、訪問の頻度を上げ、ときには一緒にポスティングをしたり、店舗に立って接客のお手本を示したり、店内レイアウトをこまめに変更したり、手作りのチラシを作成したりと、これまで以上に手厚いフォローを行ないました。さらに、「重点店舗の目標売上だけを達成すればＯＫ」との指令が出され、フォローに集中できる環境が整いました。

その結果、重点店舗の売上は21％アップ、トータルでは3年ぶりにプラス成長（9％アップ）となりました。翌年は、対象外だったお店からも「ウチも入れてほしい」との依頼が来るようになり、重点店舗の輪が広がり始めたのです。

■営業マンへの応用

成績の上がらない人を叱りつけるのではなく、成績の上がっている人を全員の前でほめたり、部下の数を増やしたり、その人のやり方をまずまず成績の上がっている人に実行してもらったりします。

■販促物や受注ルートへの応用

費用対効果の悪い販促物を何とか当てようとするよりも、費用対効果の高い販促物の投入回数・枚数を増やします。そして、それに関連した販促物を作ります。

また、売れなくなり始めた受注ルートを復活させようと販売攻勢をかけるよりも、「なぜか売上が増えている」「なぜか新規顧客が増えている」という受注ルートに対して販売攻勢をかけます。

長所伸展法は、何にでも応用ができる万能薬

21% プラス
売上が 3.63億円に
重点9店舗
（売上3億円）
全30店舗（売上5億円）
チェーン
チェーン
チェーン
パチン
チェーン
チェーン
8% マイナス
対象外21店舗
（売上2億円）
売上が 1.84億円に
重点店舗の活躍ぶりを見て、「私も頑張ってみたい！」というお店が増えてきた…
トータル 9.4% プラス
売上が 5.47億円に伸びた

4 商品の「向こう側」を表現する

■商品力を高めるために

最近、テレビ通販番組が大人気です。1つの商品に10分以上かけて、その開発プロセスや効能、美味しさについて説明していきます。見ているうちに「これは、1回は体験しておかないと、後で後悔するぞ」という気持ちになってくるのです。

あなたの会社やお店の商品も、このように丁寧に「商品の向こう側」を表現して、商品力を高めていただきたいのです。つまり「どんな素材をつかって」「どんな場所（器材）で」「どんな人が」「どんなこだわりを持って」その商品を作っているのかを、具体的にポスターやPOP、チラシなどにしてお客様に伝えるのです。

■「商品の向こう側」の表現

①「どんな人が」：店主やスタッフが、写真で登場します。運転免許証のような「悪人顔」にならないためのコツは、大爆笑の表情で撮られることです。プロフィールを入れると親近感が増します。仕事上の略歴からプライベートな事柄（好きな歌、出身地、趣味など）まで、あなた自身も「商品」になりきります。

②「どんな素材を使って」：商品を作ってくれている生産者も、同様に写真で登場します。その素材の素材（たとえば「牛」なら、その牛に与えている餌や水）のことにまでさかのぼって説明します。あなたは作り手の代弁者なのです。

③「どんな場所（器材）で」：それを作っている場所や、プロならではの器材に関しても説明を加えます。また、チラシには、あなたのお店の写真を入れると効果倍増です。お客様は無駄足を踏みたくありません。「どんなところなのか」をあらかじめ知ったうえで、買い物に出かけたいものです。写真を下から見上げるように撮れば、店舗が立派に見えます。

④「どんなこだわりを持って」：仕事のうえでこだわっていることやお客様に伝えたいメッセージを熱く伝えます。人・素材・場所は目に見えますが、これは目に見えない「考え方」の部分です。最近のお客様は、経営者の考え方まで知りたがっているのです。

商品の「向こう側」が表現されている販促ツール

●畳店の折込チラシ

スタッフ全員の笑顔の写真と原寸大の手形、それに考え方までも表現しています。

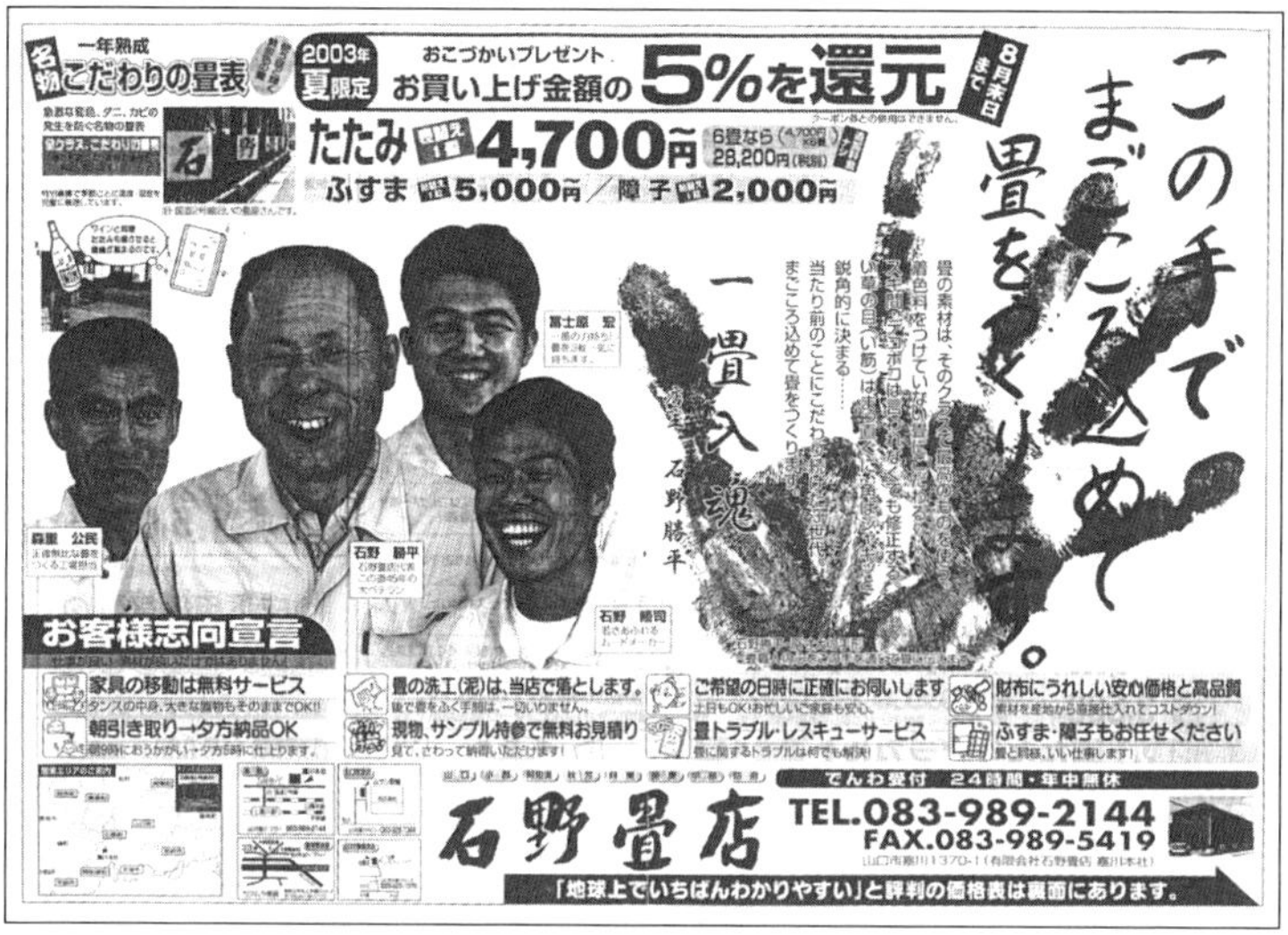

●クリーニング店のポスティング・チラシ

シミ抜きの風景・工場内の器材を説明入りで載せることで品質のよさをPRしています。

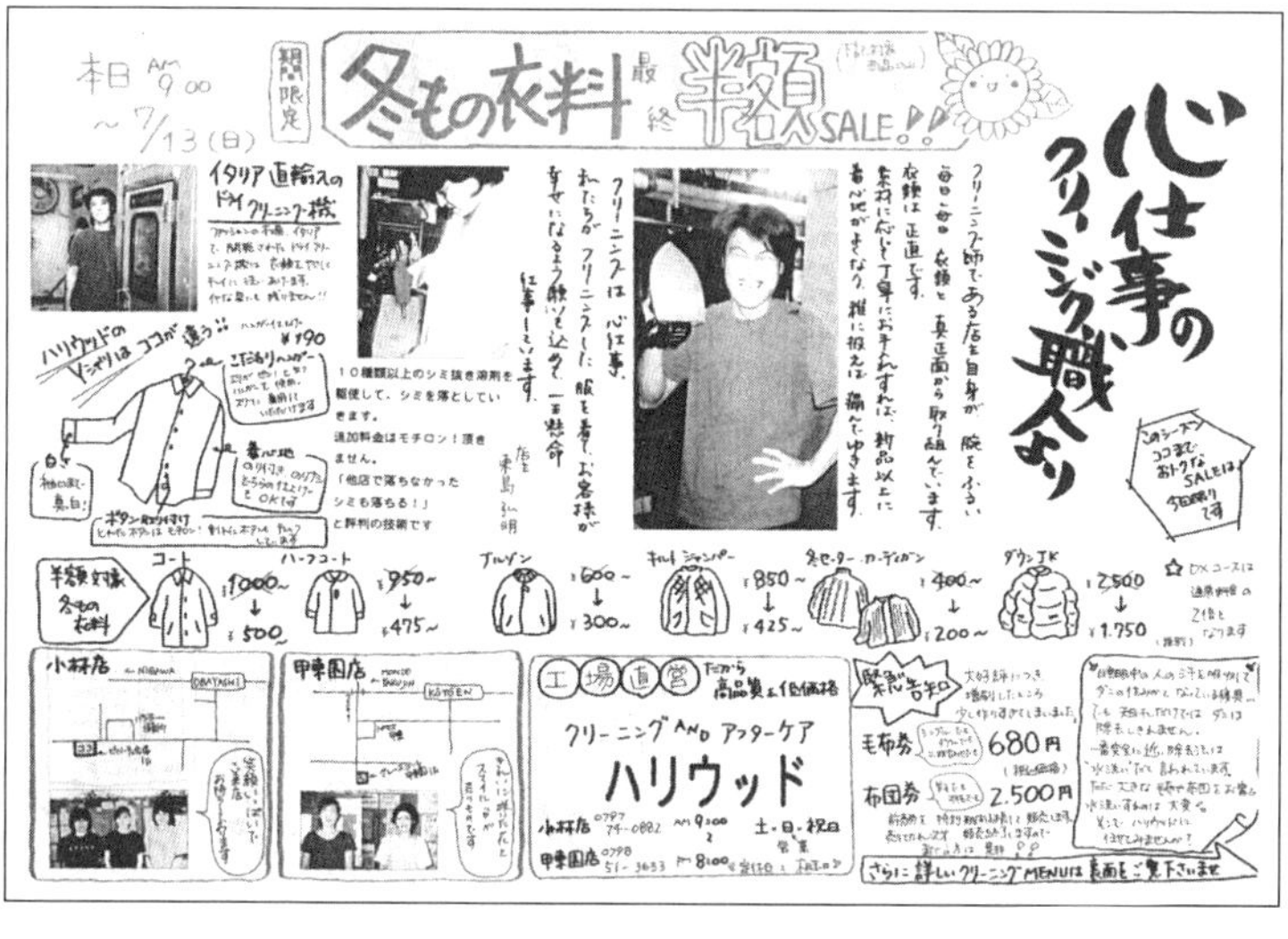

■他店より高い大根を売る方法とは？

ここで、「価格競争せずに、他店よりも高い自店の商品を売る方法」を考えてみましょう。

あなたは、大根を販売しています。ただし、目の前のスーパーでは自店の仕入値と同じ価格で大根を売っています。さて、あなたはいかにして、他店よりも高い自店の大根を売りますか？

■解答例

・大根1本買うと、モヤシ1袋サービス（特典）
・おでんセット（大根＋ジャガイモ＋ニンジン＋だし）として販売（セット販売）
・1／2、1／3に小分けして販売（規格の変更）
・おいしさのこだわりポイントをわかりやすくPOP表示（価値ポイントの訴求）
・無料試食会を開催（お試し販売）
・大根を使った料理として販売（加工品化）
・大根料理の店を併設する（飲食コーナーの導入）
・大根の葉を無料サービス（リサイクル）
・1本でも配達する（配送サービス）
・「健康大根」「ダイエット大根」と名前を変えて販売（新たな視点の提案・別商品化）
・販売員による威勢のよい声かけ（賑わい性の演出）
・あえて泥を落とさずに販売する（鮮度訴求）
・通販番組のように実演販売する（実演販売）
・料理研究家のお勧めの言葉をもらう（権威づけ）
・大根を売場に置かず、説明書きだけを表示し、完全予約販売にする。よい大根が入ったときだけ連絡を入れる（希少性の演出・会員制度）
・飲食店、旅館等の業務用に販売（業務用販路開拓）
・「ギネスに挑戦！　皮むき競争」というイベントを開き、マスコミに取材してもらう（パブリシティの活用）
・皮をむいた状態で販売する（利便性の向上）

（　）内に示した原則は、あらゆる商売のマーケティングに活用することができます。価格競争を嘆く前に、知恵とアイデアをつかって「価格」以外でお客様に貢献すれば、十分な売上を上げることができるのです。

簡単に値引き競争にまき込まれない！　知恵をつかって生き抜こう！

6 覆面品質調査で、自店の商品を常に鍛え続けよ

■価格調査だけでは不十分

「あの店は、ウチよりも商品を安く売っている」と、価格について競合店をマメにチェックしている方は多いようです。ところで、そのときに自店と競合店を「品質」（接客やサービス、雰囲気等も含めて）の面で比較していますか。

　価格ばかりを気にして、お客様が買ってくださるその商品の品質、価値、機能に関してどうなのか、ということを置き去りにして「競合対策」をとろうとしていませんか。

■覆面品質調査とは

　そこで私がお勧めしているのが、覆面品質調査によって「他店と比べて当店の品質はどうなのか」ということを明らかにする作業です。手順は、つぎのとおりです。

①対象となる商品を競合店から買い集めてくる
②あなたの商品も含めて、パッケージをはがして商品をハダカにする
③スタッフ・関係者全員で、その商品の品質をチェックする
④どの商品が一番よかったかを順位づけして投票する
⑤投票の集計結果をまとめる
⑥あなたの商品が第1位になるためには、何をどうすればいいのかを、競合店の品質から学びながら検討する
⑦第1位を取れるようになるまで、定期的にこれを繰り返す。
⑧できるようになったら、別の商品でこれを繰り返す

たとえば、洋菓子店ではシュークリーム（集客商品）でこれを実践します。

　地域のなかで、一番美味しいシュークリームを作るためには何をすべきかということを、徹底的に研究します。第1位になるまで決して妥協しません。

　工場にとっては商品開発の材料に、販売スタッフにとっては接客・販促物作りの材料として、年に2〜3回は行なう必要があります。

　集客商品の品質がよければ、客数・リピート率はどんどん上がってきます。

「品質」の競合店調査が、あなたの商品力をパワーアップさせる

7 売れ筋価格の法則

■売れ筋価格は最低価格と最高価格の相乗平均

あなたのお店の商品の「売れ筋価格」は、お客様の目に見える品揃えの幅によって、意図的に決めることができます。これは、売上単価をアップさせるうえで、非常に重要なことです。

たとえば、あなたのお店のなかで「ブラウス」の品揃えが、最低価格１０００円、最高価格８０００円であった場合、売れ筋価格はいくらになるでしょうか?

売れ筋価格＝$\sqrt{\text{最低価格}\times\text{最高価格}}$　という式で計算できます。

この場合の売れ筋価格は、

$\sqrt{1{,}000\text{円}\times 8{,}000\text{円}}=2{,}828\text{円}$

つまり、２８００円前後となります。

なお、価格の真ん中、

(1,000円＋8,000円)÷2＝4,500円

にはなりません。

$\sqrt{\quad}$（ルート）をつかったこの式は「相乗平均」といい、掛け算の世界での平均の算出方法です。普段よくつかっているA＋B÷2（足して2で割る式）は「相加平均」といい、足し算の世界での平均の出し方です。

■売れ筋価格の設定の仕方

前述のブラウスの売れ筋価格２８００円を、４０００円に単価アップしたければ、どんな品揃え幅にすればいいのでしょうか。

最低価格は「これ以上、下げることは難しい」という場合が多いので、最高価格の品揃えをどのくらいまで広げればよいのかということになります。

売れ筋価格＝$\sqrt{\text{最低価格}\times\text{最高価格}}$

を変形すると、

最高価格＝売れ筋価格×売れ筋価格÷最低価格

となります。

したがって、

4,000円×4,000円÷1,000円＝16,000円

となり、最高価格を1万６０００円まで品揃えすれば、売れ筋価格が４０００円前後になります。

売れ筋価格の法則を活用した品揃えの例

●畳店の場合

	表替え	新畳	～更科・たたみ審議会の採点表～ 耐久性	美しさ	人気度	将棋駒で言えば	たたみの更科 社長より ひと言アドバイス
最高価格 ホンモノ志向 備後表	15,000円以上	25,000円以上	☆☆☆☆☆☆☆	☆☆☆☆☆☆	☆☆	王将	国産最高級ブランドの「備後表」です。3度目の畳替えに是非……。
熊本ブランド志向 こだわり表	11,000円	18,000円	☆☆☆☆☆☆	☆☆☆☆☆☆	☆☆	飛車	熊本県八代郡の生産者グループが作った生産者の名前入り表。最高級品（注文生産）
遊び心 柄表&不燃表	9,800円	15,800円	☆☆	☆☆☆☆☆	☆☆	角行	一家に一部屋、こんな畳が欲しかった！ファッション感覚で色々お使いいただけます。へりなし畳もありますよ。
熊本産 有機栽培表	9,000円	15,000円	☆☆☆☆☆☆	☆☆☆☆☆	☆☆☆☆	と	土づくりからこだわり、有機栽培で作った畳表です。色・つや・耐久性、三拍子そろった逸品です。
売れ筋価格 ヘルシー&エコロジー畳 ダイケン畳 限定販売中 健やかくん	8,800円	3000SX 15,400円 2000SS 14,800円	☆☆☆☆☆☆☆	☆☆☆☆☆☆	☆☆☆☆☆	金将	高級和紙から生まれた新畳3,000 SXは、リサイクルに対応した天然の木質繊維の畳床にハウスシック症の原因となるホルムアルデヒド吸着性能をプラス。畳表色変わりが少なく丈夫。
当店1番人気 1級別製	7,500円	12,500円	☆☆☆☆☆	☆☆☆☆☆	☆☆☆☆☆	銀将	ギッシリと目の詰まった一番人気商品 初めての畳替えを計画中の方に…。迷ったらコレ!!
当店 お買得 1級品	6,800円	11,800円	☆☆☆☆	☆☆☆☆	☆☆☆☆☆	桂馬	目方も十分あり、耐久性も上々。通常の居間に おすすめ！ 賢い奥様方に 大人気!!
お手頃価格 2級品	5,800円	9,800円	☆☆☆	☆☆☆	☆☆☆☆	香車	子供部屋や汚れやすい部屋に最適。価格もお手頃です。
最低価格 限定120畳 格安品	4,800円	8,300円	☆☆	☆☆	☆☆	歩兵	とにかく安い畳表があったので仕入れてきました。限界価格に挑戦します！アパート・貸家、間に合わせ用に……

●売れ筋価格の算出方法

最低価格　最高価格　売れ筋価格

$$\sqrt{4{,}800\text{円} \times 15{,}000\text{円}} = 8{,}485\text{円}$$

●具体的な品揃えノウハウ

①売りたい価格帯の商品を「売れ筋価格の法則」に基づいて作った価格ラインのなかに入れると、無理なく、自然に売れていくようになります。

②「売れ筋価格」前後の品揃えを多くすることで、お客様はさらに選びやすくなります。

③最高価格品は、積極的に持つようにします。ただし、不良在庫となる恐れのある場合は、「お取り寄せ品」として在庫を持たないようにします。

8 お客様の声が新商品・新事業をプロデュースする

■時流に乗るのは難しい

新商品や新事業に進出して失敗した話は、ゴロゴロ転がっています。失敗の原因を探ってみると、その商品や商売にそれほどの思い入れがないのにお金儲けだけを目的として始めたものや、本業以外に手を出して失敗しているケースが多いことに気づきます。

時流、つまり、お客様の好みの変化を的確に捉えて新事業に進出すれば、経営方法が少々粗くても、大河の流れに乗ったかのように売上が上がります。しかし、それができる人というのは、並大抵の人物ではありません。若いころから起業家精神にあふれ、強い意志を持ち、全身からオーラが放たれているような人物です。

■お客様の声をヒントに

普通の人が、新商品や新事業を開発するときのヒントは、時流や経済動向などの「外部環境」よりも、内部の「お客様の声」にあります。

以前はそんなお客様はいなかったのに、最近、増えてきたタイプのお客様はいませんか。

お客様から「こんな商品ないの？」「こんなことできないの？」という変わった要望や「こんなことで困っているの……」という相談を受けたことはありませんか。特にＰＲしていないのに、よく売れている商品はありませんか。それは、誰が買っていますか。

これらが時流の変化の小さな予兆です。「なぜ、そんなタイプのお客様が増えているのか」「なぜ、そんな要望が出るのか」という理由を考え、それに応えるためにできそうなことを商品化・事業化すればいいのです。

ある畳店のアイデアを紹介しましょう。この畳店は、①襖、障子の受注生産、②クロスの受注生産、③通常のベッドを畳ベッドへリフォーム、④焦がすカモ保証・破るカモ保証（購入後、3ヶ月以内なら、畳を焦がしたり、襖を破ったりしても無料交換ＯＫ）、⑤1泊2日の畳の天日干しサービス、などを実施しています。

これらはすべて「お客様の声」に応える形で商品化・事業化したもので、今や売上の中核を占める存在へと成長しています。

時流をとらえるヒントは、自分の足元にある！

▲以前のチラシ

取扱商品は、畳のみ。

▲現在のチラシ

お客様の声に応えて作った新商品・新事業が着実に売上を上げている。

4章

販促で新規顧客を呼び込む方法

1章	90日間で売上を1.5倍にするマーケティング計画を作ろう！

関わり方の具体的事例		お客様	
		新規顧客	既存顧客
自分	商品	2章	3章
	販促	4章	5章
	店舗	6章	7章
	人	8章	9章

資料編	90日間売上アップ行動計画のサンプル

1 よいチラシを作っただけでは当たらない

■シェアが低いと、よいチラシでも当たらない

「他のお店でよく当たったチラシを真似してまいてみたのですが、まったくウチでは当たらないんですよ……」というご相談をよく受けます。

実は、それは当然のことなのです。よいチラシを作成し、よいタイミングでチラシをまいただけでは、お客様は集まりません。チラシは自店のシェア（支持率）が高ければ高いほど当たり、低いほど外れます。そこには「チラシ反響率のよしあしは、自店のシェアに比例する」という避けがたい法則が存在しているのです。

つまり、あなたのチラシが当たらない理由は、競合状況の激しさでもなく、地域性でもなく、景気のせいでもなく、あなたのシェアが低すぎることにあるのです。

■認知度の差が反響率の差になる

もう少しわかりやすく説明しましょう。

たとえば、関西で「阪神タイガース・ファンクラブ募集」のチラシをまいたときの反響率と、関東、あるいは北海道や九州でまいたときの反響率を想像してみてください。阪神タイガースの支持率が高い「関西」での募集の方が「チラシ反響率」が高くなることは、簡単に想像できるはずです。

このような現象が、あなたのまわりでも起こっているのです。まだ1度もご利用いただいたことのない新規のお客様が、あなたの作ったチラシを手にしたとき、「ああ、あのお店のチラシね」と見てくれるのか、それとも「どこのお店？　知らないわね」と思われてしまうのか、この差が、チラシ反響率の差となって表われてくるというわけです。

これが「他店で当たったよいチラシ」をせっかく入手したり、勉強したりしても、自店ではなぜか外れてしまう理由です。

では、シェアの低いお店は、チラシをまくことをやめてしまった方がよいのでしょうか。それとも、チラシ経費を「シェアを上げるための投資」と考えて、当たらないチラシを我慢してまき続けた方がよいのでしょうか。

次項以降で、これについて考えていきましょう。

チラシの当たり外れは、内容だけでなく、シェアにも比例する

●チラシ反響率…チラシの当たり外れを評価する指標

$$\text{チラシ反響率}=\frac{\text{総受注件数（件）}}{\text{チラシ配布枚数（枚）}}\times 100$$

たとえば…葬儀社が生前会員募集チラシを、20,000枚配布して、12件の受注があった場合

$$\rightarrow \text{チラシ反響率}=\frac{\text{12件}}{\text{20,000枚}}\times 100=0.06\%$$

チラシ効果の判定法

折込チラシ、ポスティング、ハンティング（駅前等での手配りビラ）の主たる目的は、新規顧客の獲得にあります。

正確にチラシ効果を測定するためには、以下のことが必要です。

・来店（受注）のきっかけとなった販促媒体を聞くこと

・新規顧客数をカウントすること

・平常時とチラシ配布時の新規顧客数の差を出すこと

●チラシ反響率は、シェアに比例する

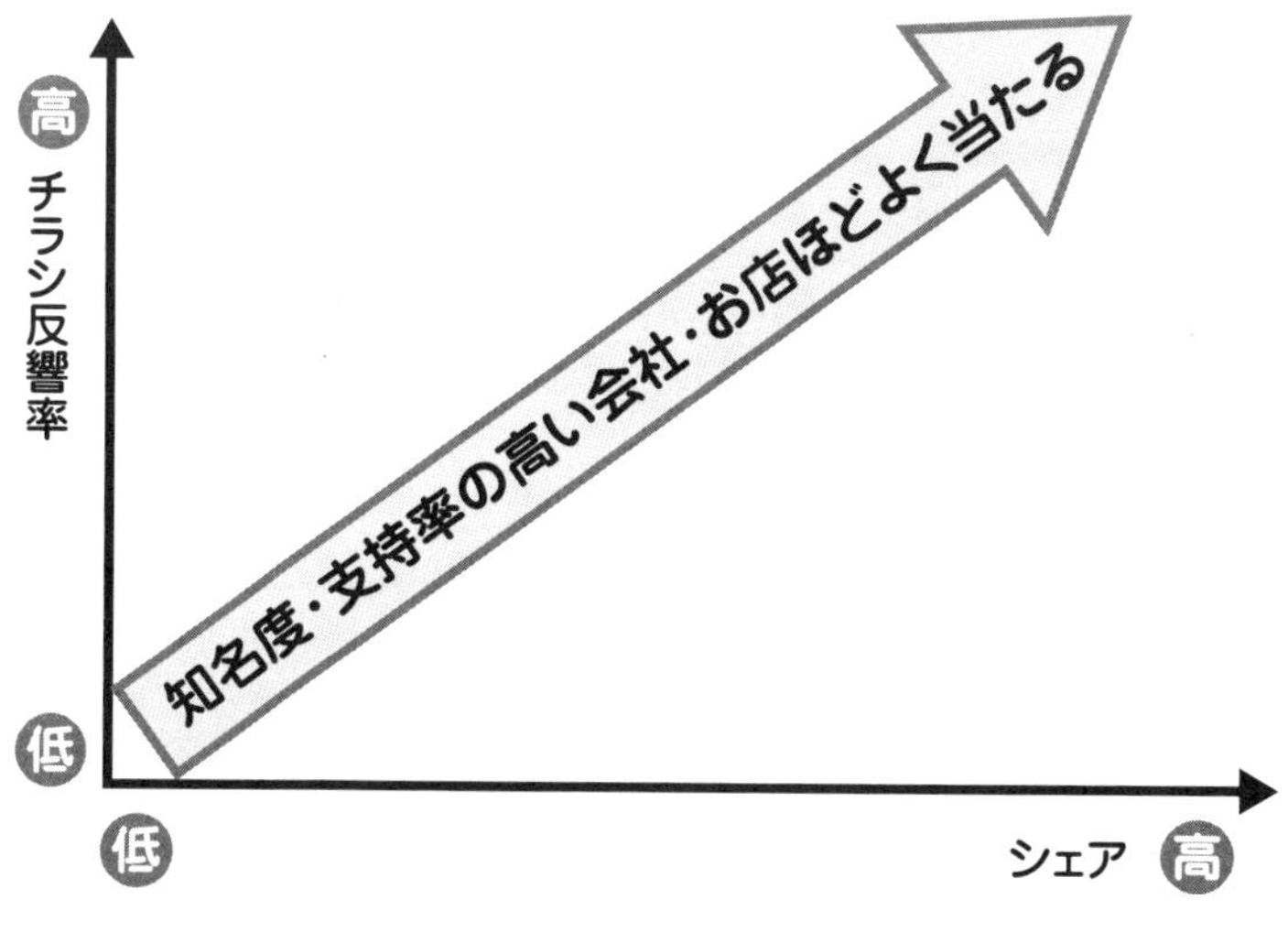

高
チラシ反響率
低
知名度・支持率の高い会社・お店ほどよく当たる
低
シェア
高

2 チラシ戦術100発100中の法則

■配布エリアを限定する

シェア（支持率）が低くても、チラシを当て続けるコツ、それは「自店のシェアの高い地域に、チラシ配布エリア（チラシ枚数）を限定する」ことです。つまり、「自分の得意な土俵（商圏）で戦う」ことです。チラシが外れてしまう理由は、シェアが低すぎる地域にまきすぎているからなのです。

タイガースにとっての関西地区のような地域が、あなたのお店にも必ずあります。まずは、そのエリアにチラシを集中的に投下して、シェアを上げていくのです。

シェアは、自店の近隣ほど高く、距離が遠くなれば、低くなっていきます。したがって、足元商圏（自店の近所）を優先してチラシをまいていけばいいのです。

では、最適なチラシ配布枚数の算出法をご紹介します。

多少業種によるバラつきはありますが、通常、チラシの反響率が目に見えてよくなるシェアは、15％（繁盛店シェア）から19％（トップグループシェア）の間くらいです。

売上＝商圏人口（チラシ枚数×3人）×マーケットサイズ×シェア

ですから、商圏人口＝売上÷（マーケットサイズ×シェア）という公式に変形できます。

■あなたの土俵で勝負する

つまり、あなたのシェアが15％～19％になるように逆算して、商圏人口を出します。1世帯の平均居住人数は3人で、1世帯に1枚チラシが配布されるため、商圏人口を3で割れば、おおよその商圏をカバーするチラシ枚数が算出できます。この商圏人口（チラシ配布枚数）こそ、まずあなたが商売をするべき「土俵」です。このエリアで絶対的な地域一番店の地位（シェア31％）を築くことを目標に、チラシを配布していくのです。

チラシの内容やタイミングなど、「誰の目にも見える」チラシ戦術ももちろん大切なのですが、チラシを成功させ続けるためのコツは、どのエリアに対して、年間何枚のチラシをまくのかという、お客様も競合店も「目にすることができない」戦略にあります。

あなたの「本拠地」を作り、チラシをまくこと

●商圏の断面図

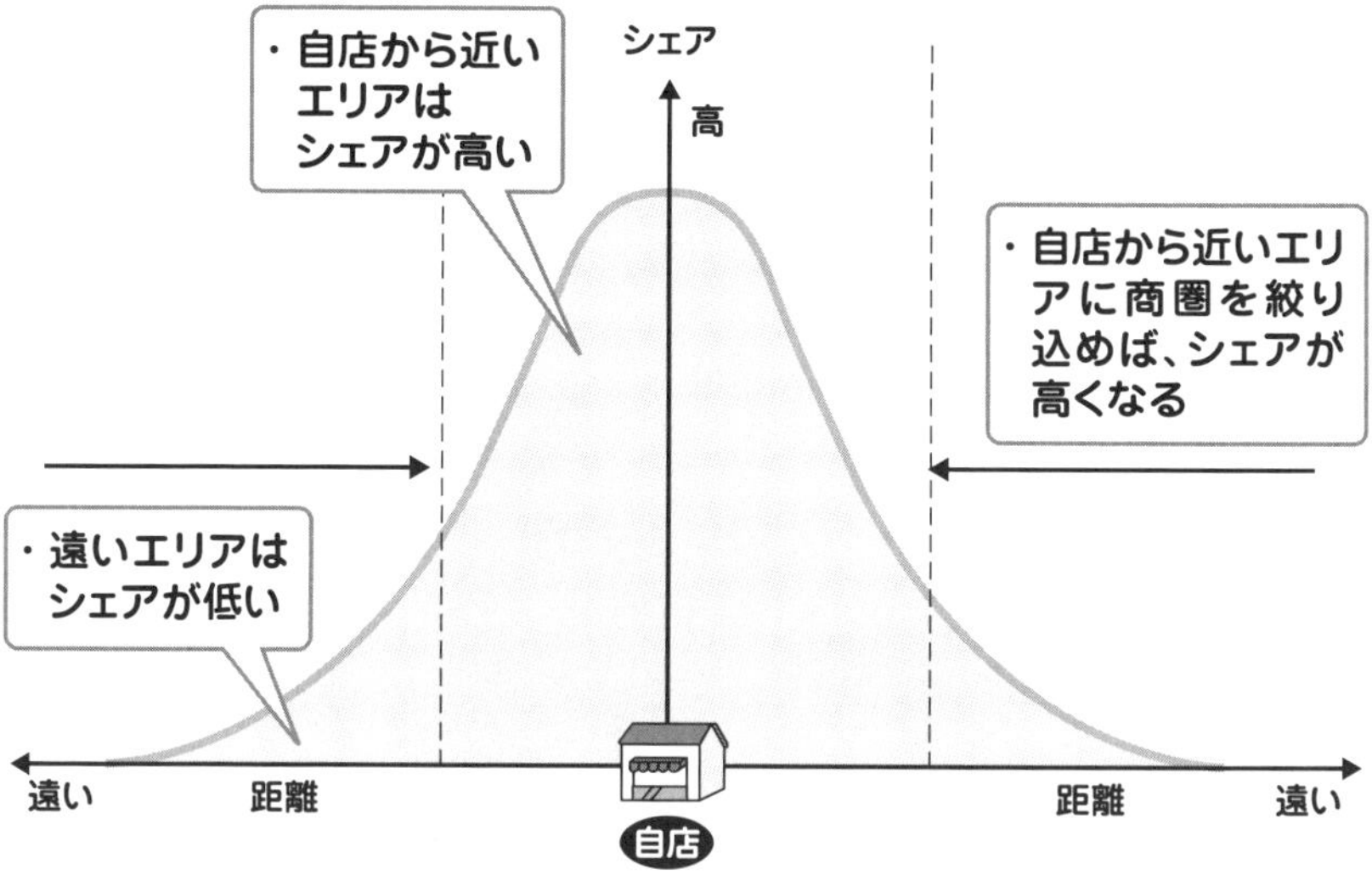

シェア
高
・自店から近いエリアはシェアが高い
・自店から近いエリアに商圏を絞り込めば、シェアが高くなる
・遠いエリアはシェアが低い
遠い
距離
距離
遠い
自店

●シェアが15％～19％になるように商圏人口とチラシ配布枚数を算出する方法

$$\text{チラシが100発100中で当たる最適な商圏人口} = \frac{\text{売上（年）}}{\text{マーケットサイズ（円）}\times 15\sim 19\%}$$

※マーケットサイズとは、その商品に対する「国民1人当たり消費支出金額」のこと。
詳しくは24ページ参照

たとえば…年間売上1億円の学習塾（小・中・高校生対象）の場合
学習塾のマーケットサイズは、10,300円

$$\rightarrow \text{最適な商圏人口} = \frac{\text{1億円（年）}}{\text{10,300円}\times 15\sim 19\%} = \text{6.5～5.1万人}$$

最適なチラシ枚数＝6.5～5.1万人÷3＝2.7～1.7万枚

3 圧倒的アイテム数をチラシに載せる

■お客様の買いたいものが載っているチラシを作ろう

お客様は「自分が買いたい商品が最も多く品揃えされていること」を、購買の選択基準として重視します。ですからチラシには、他店を圧倒する品揃え感を表現することが必要です。そのために、ありったけの商品を掲載します。店内在庫にない、取り寄せ品や外注品も含めて取扱商品のすべてを掲載するのです。これにより、チラシを見たお客様に、「この店なら私の欲しい商品が見つかりそう」と思っていただけるのです。

釣竿を1本だけたらすよりも、10本、20本と数多くの釣竿をたらした方が、釣れる魚の数は多くなります。お客様を魚にたとえるのは失礼ですが、チラシに掲載する商品の数は、釣竿の本数と同じです。多ければ多いほど、買ってくれるお客様は増えるのです。

限られたスペースに数多くの商品を掲載するためには、つぎのようなことに留意します。

①商品写真は、指の第一関節くらいの大きさ（2センチ程度）あれば十分見える、②写真に商品名・価格・規格やお勧めの言葉などが重なることを恐れない、③あらかじめ作成した枠から商品がはみ出してもかまわない、④最低価格から最高価格までピンキリの品揃えをする、⑤部門ごとの売上（粗利）構成比や売れ個数構成比、それぞれの伸び率に応じて紙面のレイアウト構成を行ない、メリハリをつける（売れているもの、伸びているものを確認し、販売比率に応じてチラシ面積を割り振る）

■興味を持っている人が買いたくなるチラシを

商品がぎゅうぎゅう詰めになった「圧倒的アイテム数のチラシ」が完成すると、「こんなゴチャゴチャしたの、興味のない人は見てくれないよ」とアドバイスしてくれる人が現われます。その通りです。

しかし「当たるチラシ」とは、「興味のない人が買いたくなる」チラシではありません。その商品を買おうとしている、探し始めている、現在使っているお店に不満を感じている……といった、「すでに興味を持っているお客様」が行きたくなったり、注文したくなったりするチラシのことなのです。

チラシ紙面は売場と同じ！　品揃えが充実している方が勝つ！

●圧倒的アイテム数を載せた住宅メーカーのチラシ

・家のまわりの風景も含めた憧れをかき立てる「パース」を使用し、圧倒的品揃え感を実現しています。
・お客様の目を引きつけるためのタイトル・コピー・イラスト・写真は大きく、それに興味を持っていただいた方のための詳細説明は細かく、とメリハリを効かせた紙面構成になっています。

4 一定期間に集中販売する「異常値法」

電材卸売業のA営業所は、昨年対比80%台を3ヶ月も続けていました。

そこで私が所長にお願いしたことは、売上金額は一切問わないから、翌月の新規開拓件数を30件にしてください、ということでした。

■テーマを絞り込む

不振店のリーダーは、業績悪化の原因はつかんでいても、どの課題に対しても取り組みが中途半端に終わってしまっているケースが多いのです。このような場合、「何をすればもっとも売上アップのための効果的なのか?」というテーマを1つだけ見つけて、それを徹底的に追求することが必要です。

■一定期間に高い目標を与える（異常値法）

この会社では、1営業所当たり1ヶ月の新規開拓件数は、平均3～4件でした。そこで冒頭のように、1ヶ月に30件というビックリするほど高い目標を与えて、徹底的に売り抜いてもらうやり方をとりました（異常値法）。

この方法をとったのは、「できる範囲で頑張って、少しずつ増やしていこう」という考え方では根本的な新規開拓の成功パターンは生まれず、「新規開拓は、営業マンの意識の問題だ」などと精神論的な指示だけで終わってしまうことが多いからです。

■目標を達成のための具体的方法を全員で考える

所員全員を集めて、会議を開催しました。

テーマは「月30件の新規開拓をするために何をすべきか」。1人10個ずつ、決して他人の意見を否定してはいけないというルールを決めておいて、どんな意見でもいいから発表し、列挙してゆきます。

そのなかから活用できそうなものを採用し、「1ヶ月30件プラン」を全員で作成しました。強制的にやらされるのではなく、自らが企画段階から参加したことによって、現場での行動が必然的に変わってきます。

結局、新規開拓件数は24件でした。昨年1年間の半分以上の新規顧客を、1ヶ月で獲得したことになります。また、売上の方も昨年対比をキープできるレベルにまで回復してきました。

異常値法を採用した新規開拓

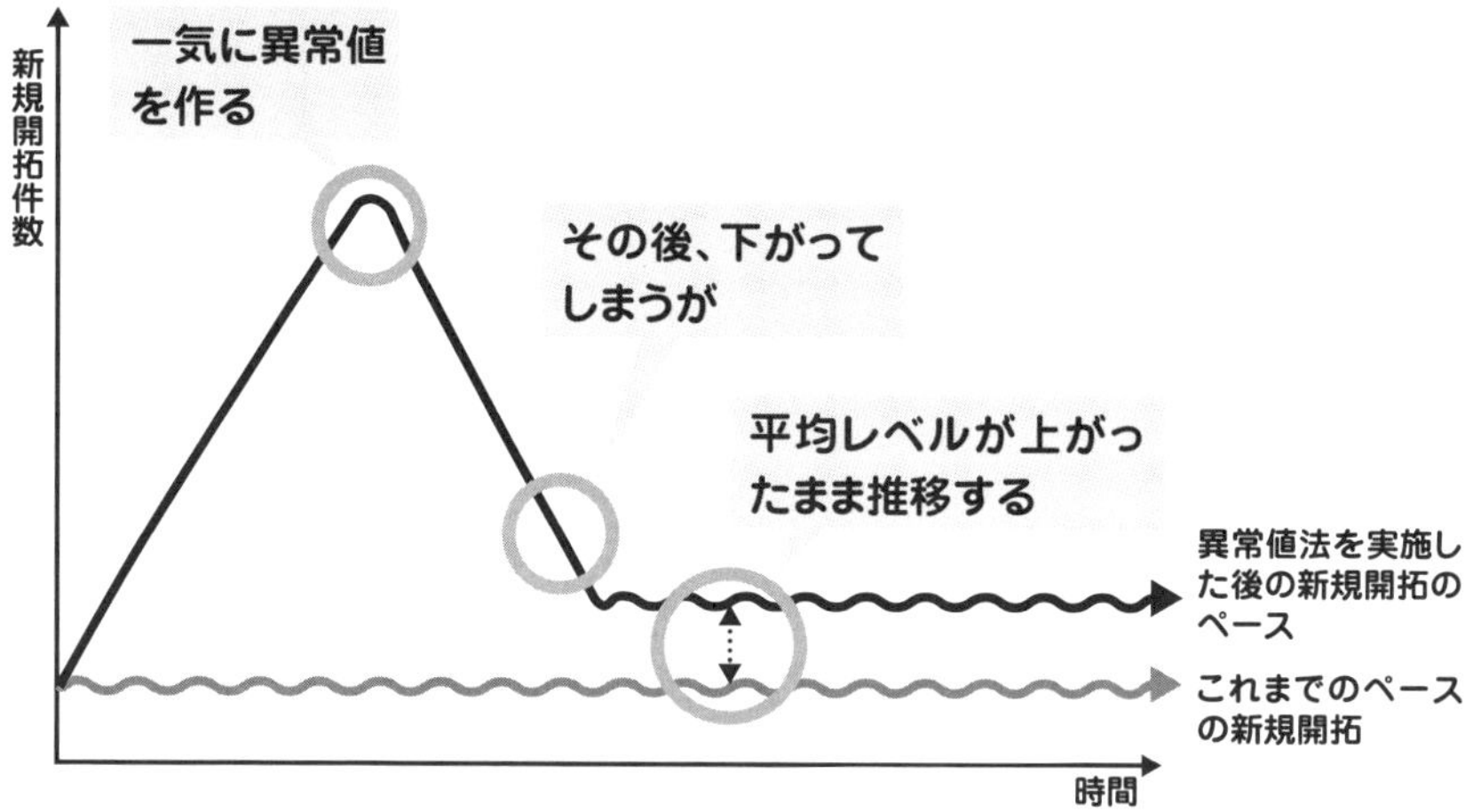

新規開拓件数
一気に異常値を作る
その後、下がってしまうが
平均レベルが上がったまま推移する
異常値法を実施した後の新規開拓のペース
これまでのペースの新規開拓
時間

打ち合わせ・まとめレポート

株式会社　船井総合研究所　中西　正人

営業所：　　　　営業所　　　　訪問日：　　　年　月　日

所長との個別面談

■現状の確認

1）業績不振が続いている
・客単価ダウン　←　現場仕事が出ていないことが響いている
・現場30%、日売り70%の割合だった

2）新規開拓件数が減少してきている
・所長自身、赴任以来、新規開拓を中心に活動してきた
・半年間は「新規開拓」を主体に動いてきたが、
現在、「開拓先からの受注（シェアアップ）」を主体に動いているため、
自分自身の新規開拓が鈍ってきた
・「新規開拓」が、最も業績改善に寄与する（売上状況からの逆算）

■今後の課題

1）1年間通して目標経常利益が残せる経営をしたい
・4000万円/月を目標に置いている

2）「異常値法」により、新規開拓を集中的に行う
①　売上げ数字を上げるための施策を1つだけに絞ることで、
所長、所員の迷いを消し去る
②　売上金額は期間中、一切問わず「新規開拓件数」のみに集中する
③　だらだらと新規開拓に臨むのではなく、期間を決めて一気に実施
④　目標：月30件（来月1ヶ月間）

所員全体会議

●「異常値法」の説明
・前記の理論を、所員全員に説明する

●　月間30件の新規開拓を行わなければならない理由を、
数字的に所長より、所員の皆さんに説明してもらう　→　全員で案を出す

<新規開拓・1ヶ月30件プラン>

●　全員で目標達成（月30件の新規開拓）をするための具体策を考える
・不在先にも、名刺に必ずコメントを書いてポストに入れてくる
・店頭に特価品の大きな看板をつくる（車から見て一目でわかる）
・電気工事業以外の業種の顧客を攻める（折込みチラシのチェック等）
・日替わり新規開拓担当制（1日おきに交代、既存顧客のフォローは全員で）
・昼間に事務作業、朝訪問＆夜訪問できるように切り替える
・未取引先をリストアップし、テレアポを行う
・今月の特価品チラシ（新規向け）を作成＆配布する

■お願いしたこと・取り組んでいただきたいこと

1.目標　新規開拓30件の必達

2.所員全体会議で話し合った「具体策」を煮詰める
・実行することをスケジュール化
・決定したことは、必ず実行する

3.新規開拓の進捗状況が一目でわかる「日計表」をつくり、貼り出す

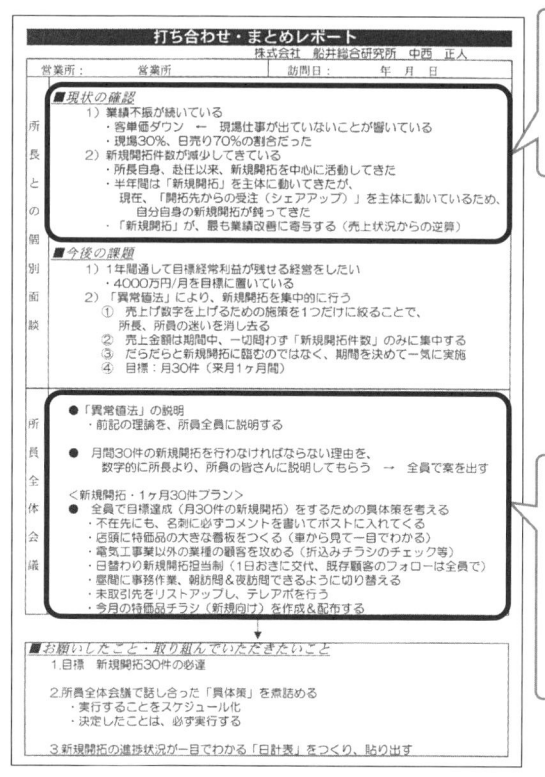

●所長とも個別面談で、業績アップのためには、「新規開拓件数」アップが最も効果的であることを確認する。

●スタッフ全員で、自由な雰囲気のもとアイデアを出し合う。
●現実離れしたアイデアも大歓迎。
●最終的に全員で実行することを決めた計画がこれ。

5 チラシ風名刺が口コミや紹介を増やす

■チラシ風名刺とは

名刺の携帯性のよさ・手軽さと、チラシの情報量の多さ・販売力を兼ね備えた販促ツールが、チラシ風名刺です。通常、よく使用されている名刺の内容に加えて、お客様が知りたい情報をすべて盛り込んで作ります。

通常の名刺に盛り込む内容は、社名・氏名・住所・電話番号・ＦＡＸ番号・ホームページアドレス・Ｅメールアドレス・営業時間です。チラシ風名刺を作成する際にはこれに加えて、取扱商品（個別アイテムまで）・価格・商品の価値ポイント・外観と店内がわかる店舗写真・地図・サービスの品揃え・特典・個人のモットー・仕事で一番得意なこと、などを盛り込みます。

つまり、口頭で説明しなくても、その名刺を見ただけで、どんなものを売るどんな特徴のある会社で、その個人がどんな人なのかということがすべて理解でき、注文したくなる名刺が「チラシ風名刺」です。

■口コミや紹介も期待できる

チラシ風名刺は、手渡した本人へのインパクトや、販売力に優れているというメリットの他に、口コミ・紹介にも有効です。

口コミ・紹介は、「紹介する側」にとっても難しいものです。他人に勧めることにより責任が発生することを恐れるからです。このため、「私は気に入って使っているけれど、あなたにとってはどうか知りませんよ」という気持ちが残ります。あなたのお店についてを口頭で説明することも、よほど特徴がない限り難しいものです。

そんなとき、このチラシ風名刺があれば便利です。紹介する人は「そういえば、こんなお店があるよ」と、このカードを見せると、話を進めやすいでしょう。また、カードを渡した時点で、そのお店を利用するかしないかは「紹介される側」の判断に委ねられるわけですから、責任の発生は最小限になります。

１人のお客様に、チラシ風名刺を2～3枚は渡しておきましょう。名刺が一人歩きを始めます。また、会員カードや保証書などを「チラシ化」しても、同様の効果が見込めます。

名刺をチラシ化すれば、一人歩きを始める

6 記事型懸賞広告で「養殖型営業」を（その1）

■2ステップの養殖型営業

通常とは異なる新規顧客獲得の手段の1つとして、「記事型懸賞広告」があります。

記事型懸賞広告とは、通常の販促のように「広告を出して、即、売上につながる」のではなく、「まず、見込客を集め、特定する」、その後「見込客にフォローの営業をかけ、売上につなげる」という2ステップ（集客・販売）の画期的な販促法です。

言い換えれば、広告を出して、すぐに成約に結びつける販促（チラシなど）は、今、その商品が欲しいお客様を見つける「狩猟型営業」です。一方、この2ステップの販促法は「養殖型営業」と言えます。今すぐには買わないけれども、その商品に興味はあるというお客様を早期の段階で見つけ、徐々に買う気にさせていくというスタイルです。

ちょうど、稚魚（買う気が少ないお客様）をイケス（顧客名簿）のなかに入れ、育つ環境（商品に関する情報）を与えて成長（購買意欲を増進）させ、やがて成魚となった段階で食卓（自社で購買）へ、という流れと似ています。受注までのスピードは早いが、出たとこ勝負の要素が大きい「狩猟型」に比べ、「養殖型」は売上が安定してくるというメリットがあります。

■見込客を集める方法

新聞などに「○○（取扱商品名）×万円分を無料プレゼントします」という記事風の広告を出すことで、申込者を募ります。申込者は、その商品に興味のある人である可能性が高い、いわゆる「見込客」というわけです。

どんな商品をプレゼントすればいいかですが、「足りなくなったから買いに行く」という類の生活必需品よりも、目的買いの商品がふさわしいでしょう。たとえば、家・車・宝石・お墓などが、目的買い商品の代表選手です。また、このような高額品ばかりでなく、四万十川産の天然鰻、拭き心地が抜群によいトイレットペーパーなど、普段買っているものよりもワンランク上の商材も最適です。つまり、お客様が「よし、買うぞ！」と少々の覚悟を決めて買う商品が適しています。

潜在顧客は無限大。狩猟型営業から養殖型営業へ

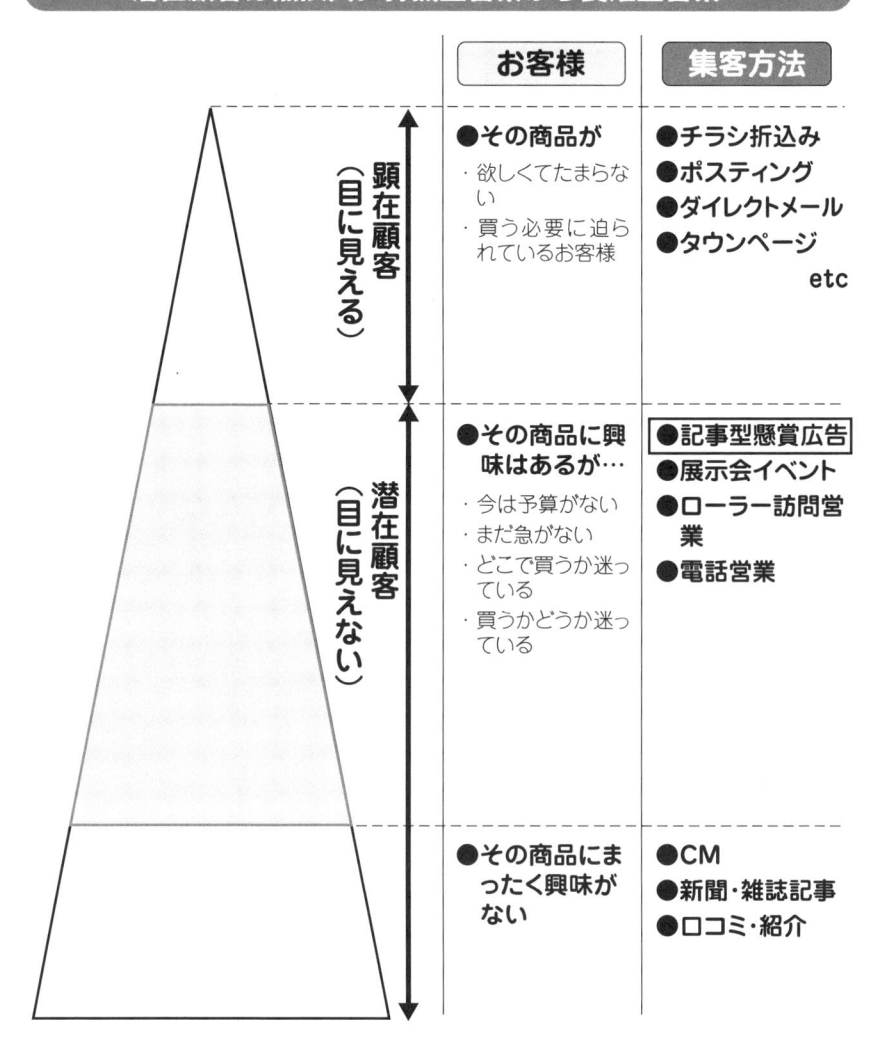

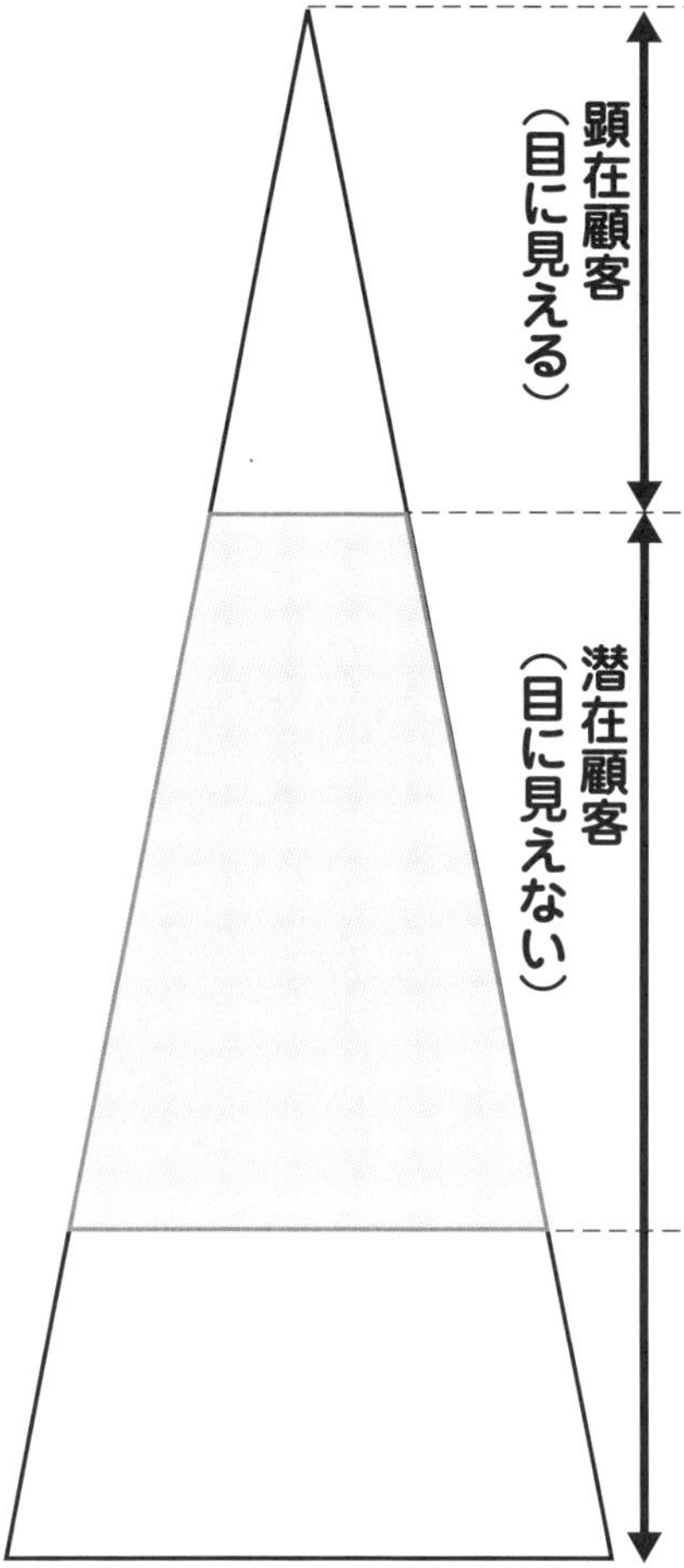

お客様	集客方法
●その商品が ・欲しくてたまらない ・買う必要に迫られているお客様	●チラシ折込み ●ポスティング ●ダイレクトメール ●タウンページ etc
●その商品に興味はあるが… ・今は予算がない ・まだ急がない ・どこで買うか迷っている ・買うかどうか迷っている	●記事型懸賞広告 ●展示会イベント ●ローラー訪問営業 ●電話営業
●その商品にまったく興味がない	●CM ●新聞・雑誌記事 ●口コミ・紹介

マーケティング氷山理論

潜在顧客を早期の段階で特定し、情報を与え、購買意欲を増進させる

7 記事型懸賞広告で「養殖型営業」を（その2）

■申込者が増える広告の作り方

記事型懸賞広告は、お客様が「広告」としてではなく「記事」として読んでいただくことで、はじめて効果を発揮します。

お客様は「これは広告だ」と認識すると「売込みだろう」と身構えてしまいますので、警戒心を解くためにあたかも第三者が取材したかのような記事風に広告を作ることがポイントです。

■記事型広告の作成ポイント

①新聞の記事スペースを使う

新聞の紙面は大きく分けて、記事のスペースと広告のスペースに分けられます。おもに下の3分の1くらいは広告スペースです。

あなたの広告がこのスペースに入った瞬間、お客様はもう、記事としては見てくれなくなります。記事として見せるには、記事のスペース（上の3分の2）のなかに掲載しなければなりません。

②文字は縦書きで

記事に見せるためには、横書きやイラスト、爆弾マークなどは厳禁です。新聞記事とできるだけ同じ字体、大きさ、レイアウトにします。

③枠はつけないこと

記事には、普通、枠はありません。広告には枠がつきます。

記事に見えるように交渉して、枠を外してもらうか枠の線を細くしてもらう、あるいは、枠の代わりに背景を灰色にしてもらうなど、広告を記事に見せる工夫をしてください。

④お客様が申し込みしやすい文面作り

「創業10周年を記念して……」「お客様1万名突破に感謝して……」という大義名分を文面に入れたり、プレゼント対象商品の説明を入れたりします。

申込方法は、電話・ＦＡＸ・インターネット・ハガキなど考えられますが、この手法では、注文が殺到しても日常業務にあまり影響せず、必要な情報を入手できるハガキによる申込みが最も適しています。

記事型懸賞広告の出し方の例

最も理想的なパターンは、記事のなかに入れる

創業20周年の感謝の心を込めて

たたみ替え6万6千円 無料プレゼント

（6畳×1.1万円）

五霞町
㈲渡沼畳店

「お客様志向の畳替えサービス」で人気の**㈲渡沼畳店**（五霞町）がこの春創業20周年を迎えました。

そこで、読者に嬉しいお知らせ。㈲渡沼畳店では、創業20周年の感謝の心を込めて、抽選で1名様に畳表替え6万6000円分（高級品クラス1万1000円×6畳）の無料プレゼントを実施！（材料・配送・工賃等全て込み）。畳表は高級品として定評のある備後産を使用し色・ツヤ・香りはまさに絶品!!

また、抽選に外れた方の中から、さらに5名様に畳替え大幅割引券をダブルチャンスとしてプレゼント！

お申し込みは、ハガキにお名前・ご住所・TEL・年令・ご職業を明記の上、〒306―0313茨城県猿島郡五霞町元栗橋2843―2
有限会社 渡沼畳店宛へ
6月30日消印有効。お問い合せ0280-84-1302

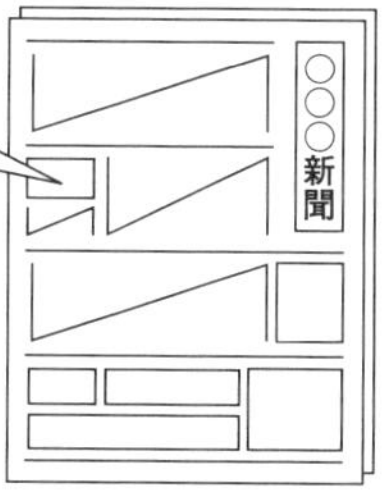

広告スペースでも記事に近いところに入れる

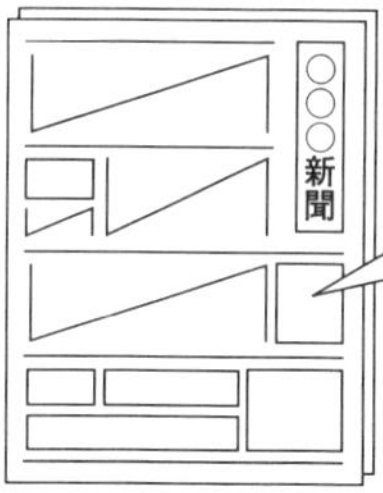

わらしべ工房創業4周年記念 畳替え6万円分無料プレゼント

広告

「畳の宅配便」で人気の**わらしべ工房**が創業4周年を迎えた。

わらしべ工房では、4周年記念として、抽選で1名様に畳表替え6万円分（特上・松クラス1万円×6帖）の無料プレゼントを実施。（材料、工賃全て込み）。畳表は熊本八代産の極上品を使用。

また抽選で外れた方の中から、5名様に畳替え商品券をダブルチャンスとしてプレゼント。

お申し込みはハガキにお名前・ご住所・電話・年齢・ご職業を明記の上、
〒981-0505
矢本町大塩字尻貝23
わらしべ工房宛へ
〆切 2月6日消印有効
問い合わせ
0225-83-5272

記事に近いスペースが確保できなければ、懸賞広告専門のプレゼントコーナーへ

お盆恒例！高級和墓が12万円より ㈱北陸石産の特別謝恩企画。

夏の訪れに、身も心も新たにされていきます。ご先祖への感謝を深めたいものです。㈱北陸石産ではこの機に、「上御影石・三段型／8寸角」＝写真A＝12万円、「上御影石・蓮華型／8寸角」＝写真B＝を18万円で、抽選で各3名様に提供します。（運搬・工事・彫刻費・消費税は別途）

◀写真A

なお特価進呈のため応募は、①金沢市内に建立で、②平成14年9月末までに建立可能な方に限ります。当選発表はご本人に直接連絡いたします。

ご応募はハガキに住所・氏名・電話番号・希望墓石（A・B）を明記し左記住所まで。締切は、8月10日（消印有効）です。

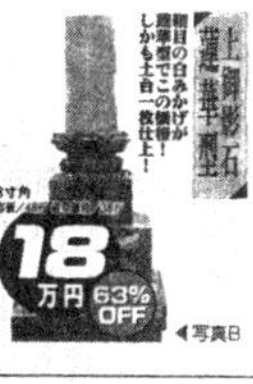

◀写真B

Information
㈱北陸石産
●住所／〒920-0332 金沢市無量寺町ナ1092番地の4
☎076-268-8070

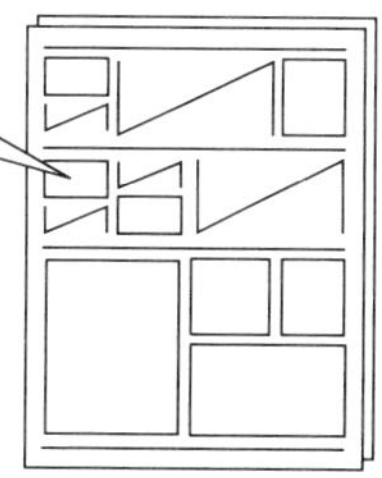

８　記事型懸賞広告で「養殖型営業」を（その３）

■見込客をフォローする方法

「記事型懸賞広告」にお申し込みいただいた方は、全員があなたの商品を買ってくれる可能性が高い「見込客」です。

このなかから「有料で買ってもいい」というお客様を探し出し、育てる作業が「見込客のフォロー」です。

ここで、その方法をいくつか挙げてみましょう。

①ダイレクトメールを送付する

「無料プレゼント」には、落選してしまいました。申しわけありません。その代わり、当社の製品を特別優待価格でお買い求めいただけます」という挨拶文とともに、自社のカタログや最新のチラシ、割引券をセットしてお送りします。

②電話でフォローする

ＤＭの到着したころを見計らって、内容をご覧いただけたかどうかを確認する電話をします。

「ご案内の方はご覧いただけましたか?」という、簡単でソフトな問いかけをするだけでかまいません。ＤＭを送付しただけの場合に比べ、その約１・５倍の反応（受注件数）が得られます。

③継続的なフォローを欠かさない

以前ご注文をいただいたことのあるお客様の名簿（顧客名簿）とは別に、「見込客名簿」を作成します。「顧客名簿」のお客様に年に何度かＤＭを送付するのと同時に、見込みのお客様にもＤＭを送付します。

このとき、情報誌（ニュースレター）を送れば、会社の考え方や雰囲気を知ってもらうことができます。また、買った後のアフターフォローもしっかりしていることが、ニュースレターを送るという行為そのものによって、事実として伝わります（詳しくは124ページ参照）。

■折込チラシよりも費用対効果がよいこともある

新規顧客を集めるための「１件当たり受注コスト」（総販促コスト÷新規顧客件数）をご存じでしょうか。

場合によっては、「記事型懸賞広告」の方が他の販促手段よりも、１件当たり受注コストが安く抑えられることがあります。

見込客をフォローする方法

●記事型懸賞広告のフロー

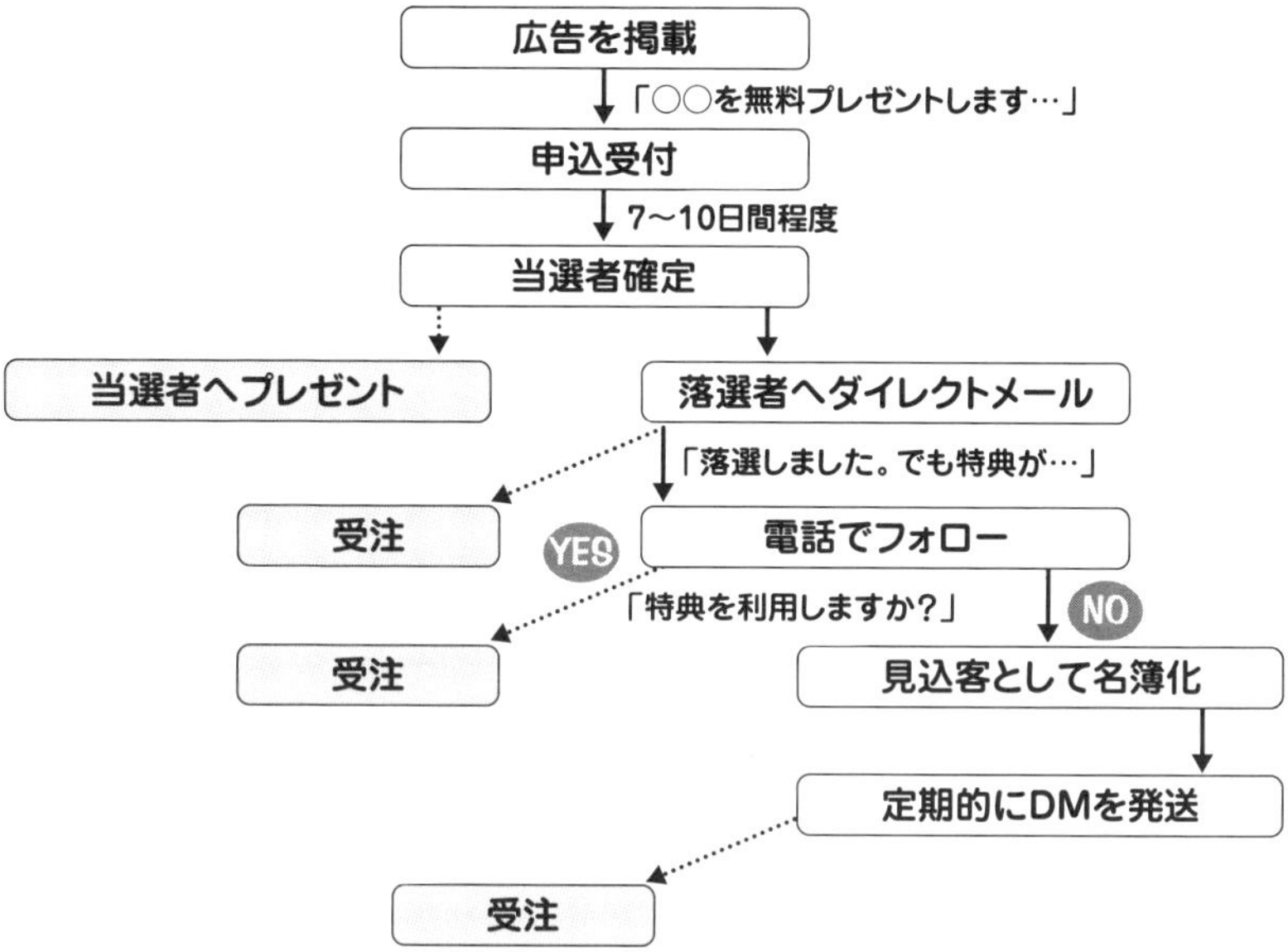
広告を掲載
「○○を無料プレゼントします…」
申込受付
7〜10日間程度
当選者確定
当選者へプレゼント
落選者へダイレクトメール
「落選しました。でも特典が…」
受注
YES
電話でフォロー
「特典を利用しますか?」
NO
受注
見込客として名簿化
定期的にDMを発送
受注

●落選者へのダイレクトメール

（お客様の名前を手書き）
＿＿＿＿＿＿＿＿＿＿様

畳店
代表取締役
（社長の手書きサイン＆印）
TEL
FAX

ダブルチャンス特典をご利用くださいませ！

前略
　このたびは、　　畳店・新工場落成後20,000畳製作・感謝キャンペーン
「たたみ替え・無料プレゼント」にご応募いただきまして、誠にありがとうございました。

　10月17日（木）本社工場にて抽選会を開催いたしましたところ、
惜しくも、抽選に漏れてしまいましたことをご報告いたします。

　※　ご当選者様は、（　当選者の住所・苗字までを記入　）　となりました。

「大変申し訳ございませんでした」の気持ちを、カタチに変えて・・・

　今回、惜しくも「無料プレゼント」抽選に漏れてしまいましたお客様の中から、
「ダブルチャンス」といたしまして、
同封「たたみカタログ」の「特別割引券」を2倍使える
特典を設定いたしました。
つまり、
　　新畳　なら　通常1畳につき、500円引きのところ　**2倍の1000円引き**
　　表替えなら　通常1畳につき、300円引きのところ　**2倍の600円引き**
　　裏返しなら　通常1畳につき、100円引きのところ　**2倍の200円引き**
にてサービスさせていただきます。

　尚、本特典を利用してのお申込みは、10月末日まで（施工日は後日でも可）に
お願いいたします。
　もし、ご利用されない場合は、順次キャンセル待ちのお客様へ権利をお譲りして
まいります。

よろしくお願いいたします。

9 分散で探り、集中で儲ける

■マーケティングの基本原則

「分散で探り、集中で儲ける」とは、古来より兵法の基本であり、現在のマーケティングにも活かせる原則です。

戦国時代、兵力3000人の織田信長が、兵力2万5000人の今川義元の軍勢を撃破した桶狭間の戦いは、まさに「集中・分散」を駆使した例と言えます。織田軍は、多数の斥候（偵察部隊）を使って今川軍の動向を探り（＝分散で探り）、義元の本陣が小兵力で休憩しているところを自軍の全兵力をもって急襲し、勝利を収めたのです（集中で勝つ）。

「我々の戦略は、一をもって十にあたることであり、我々の戦術は、十をもって一にあたることである」

これは、中国共産党の指導者・毛沢東の有名な言葉です。

つまり、全体の兵力で比較すれば不利であるが、相手の兵力が分散しているところに自分の兵力が圧倒的に勝る状況を作り出し、「局地戦」で次々と勝利することで力をつけ、最終的に革命を成功させたことを指しているのです。

■相手の反応を確かめてから一気に攻める

私のご支援先においても、「集中・分散」を実践して成功している例が多数あります。

たとえば、広告代理店が新規の得意先を獲得しようとするとき、不動産業者、パチンコ店、病院関連、ホテル、飲食店、葬祭会館など、広告物の需要の見込めるターゲットを少しずつピックアップして、ダイレクトメールと電話フォローでセールスをかけて、反応を見ます（分散で探る）。そして、反応のよかったターゲットに対して、その後、集中的に攻勢をかける（集中で儲ける）のです。

経験や勘だけを頼りにして、1つの業界に対して一気に1000通のDMを送るよりも、20通ずつ50業界に対してアプローチをかけてから、その反応を確かめ、そのうえで絞り込んだ業界に一気に攻め込んだ方が、確実な成果を上げることができるのです。

分散で探り、集中で儲ける具体例

●畳替えの業務用マーケットを開拓するための「先兵」としているダイレクトメール

…ホテル・旅館・保養所・寺社の4業種へ送付→反応のよかったホテルへの集中的な営業攻勢、保養所へのアプローチ中止を決定した。

〈表面〉

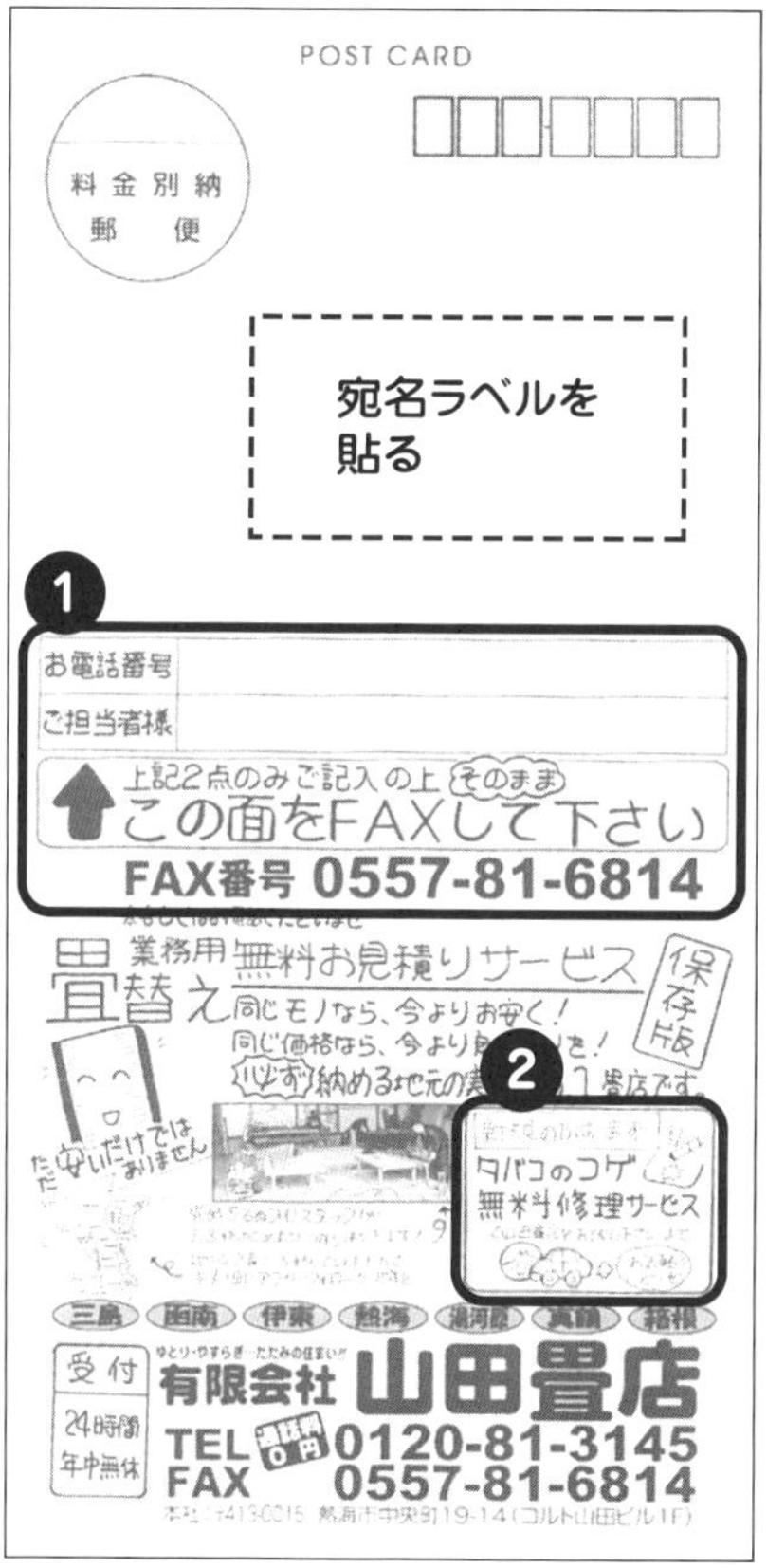

〈裏面〉

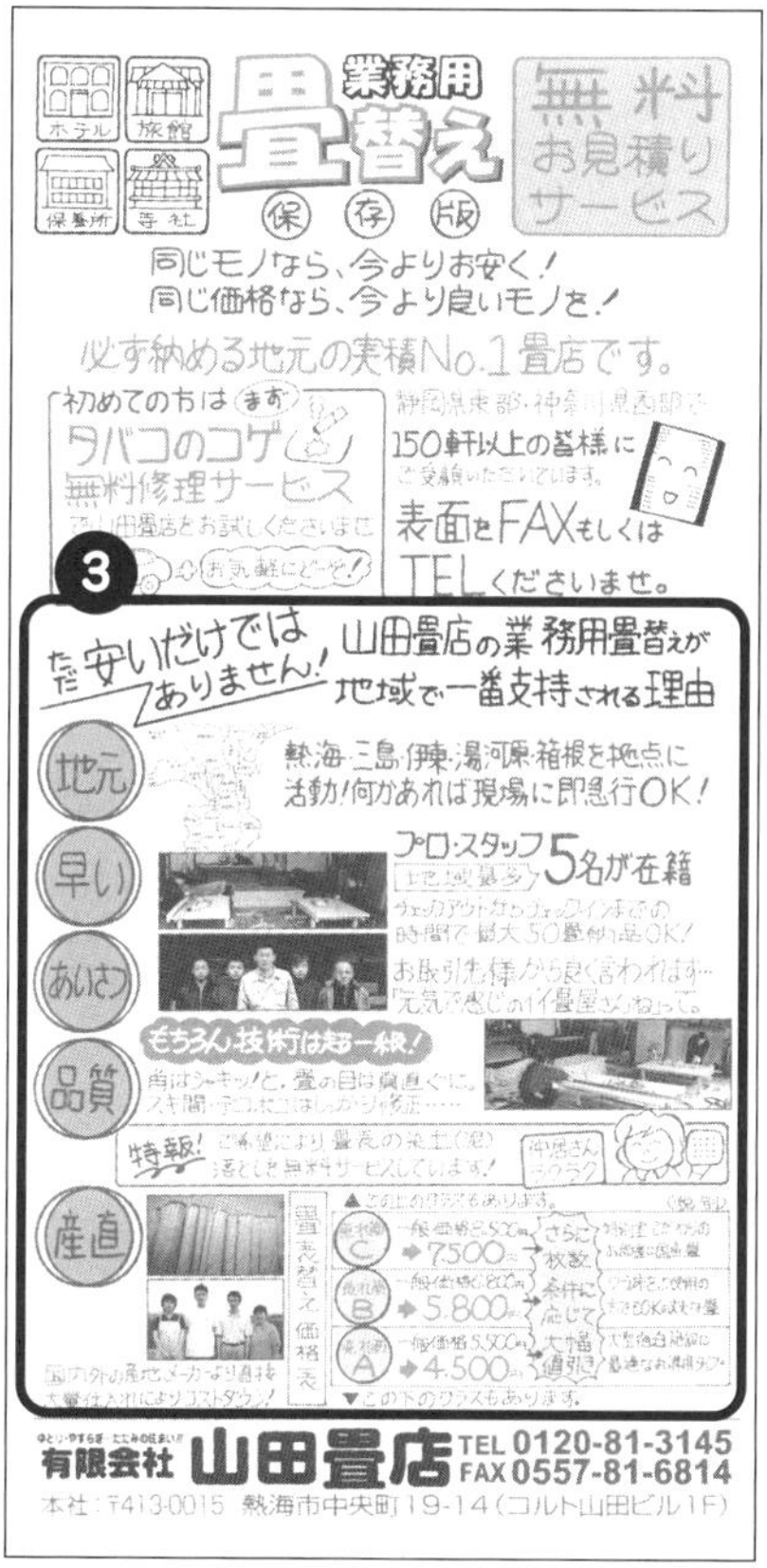

❶お客様が最小限の手間で注文できるように工夫しています。

❷受注件数を上げるための「特典」代わりの仕掛けがあります。

❸価格だけでなく「業務用畳替え」に精通しているという価値を丁寧に載せています。

10 近隣商圏を制圧するドアコール

■ドアコールの効果と目的

ドアコールとは、自店の近隣のお客様にスタッフが戸別訪問してセールをお知らせする販促手法です。店の売上のうち、近隣のお客様がもたらしてくれる売上のウエイトは非常に高いのです。それはロードサイドの車客中心のお店や、観光客相手のお店であっても同じです。近隣のお客様が来てくれないお店は繁盛しません。

ドアコールには、自店の売上の「核」となる近隣商圏（足元商圏）を、完全かつ一気に制圧する効果があります。

訪問の目的は、まず「ご挨拶」であり、「売り込む」ことではありません。第一印象をよくして、セールに来てもらえるようにするための「お誘い」を行なうところにあります。

■効果的に実施するために準備するもの

①住宅地図

どのエリア・ブロックで、いつ、誰が、何時間くらい実施するのかを住宅地図上に書き込みます。住宅の密集度合いによって異なりますが、1人1時間当たり20件の訪問を目安に計画します。

②不在者用カード

平日の昼間の在宅率は、50%程度です。最近は、ドアを開けてくれないお客様も増えているため、この不在者用カードは必須のアイテムです。つまり「ご挨拶に来ました」という証拠の品を残しておく必要があるのです。

③セール告知チラシ

ドアコール・チラシを作る際のポイント（通常のチラシ作りに加えて注意すべき点）は、大きく分けて２つあります。

１つは、どんなお店かがわかるように、外観や内装、レイアウトなどを写真やイラストにして載せることです。無駄足を踏みたくないというお客様の不安を解消する効果があります。もう１つは、来店するだけでもらえる特典をできるだけ載せること。とにかく１度でも来ていただくこと（強制的来店）で、認知度を上げることができます。

ドアコール販促の準備

●エリアの把握と計画作り

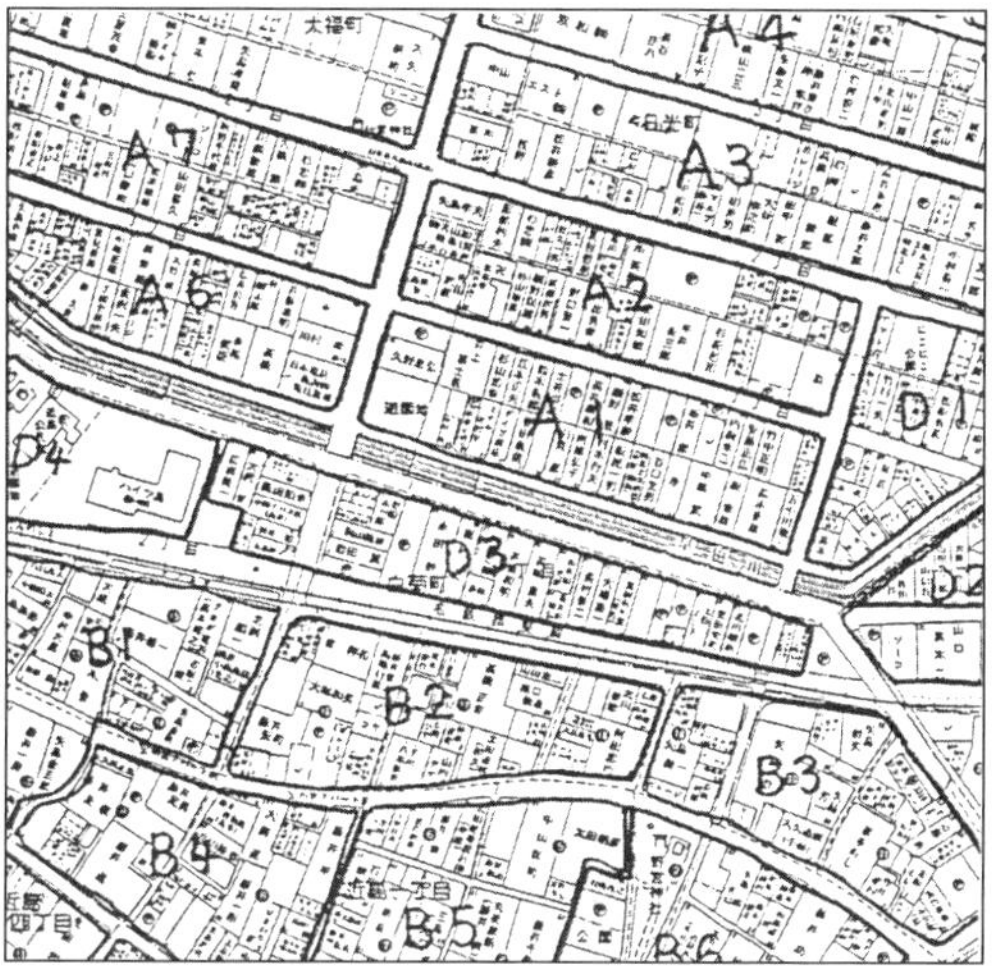

①目標ドアコール実施件数と投入人員（時間）を決める
②住宅地図をブロック分けする
③担当者・実施時期を決める

●ドアコール・ツールの作成

不在者用カードの文面例

　　　　　　　　様

　こんにちは。
　阪神杭瀬駅から国道2号線方面へ歩いて1分のところにあります「レストラン・日の出」です。
　リニューアルオープンのごあいさつにお伺いいたしましたがご不在でしたので、ご招待状を投函させていただきました。

　5月10日～12日の3日間、地元の皆様だけをお招きしての特別ご試食会を開催いたしますので、是非お越しくださいませ。

スタッフ一同、心からお待ちしております。

①チラシ
②粗品・特典引換券などのプレミア
③不在者用カード

11 ドアコールの現場でどのように行動するか

■実施の際に留意すること

ドアコールを実施する際には、つぎのようなことに留意します。

①不審者ではないかと怪しまれないように、何屋であるか、はっきりとわかるような目立つ服装にします。

②ドアコールは、複数で実施する方が効果が上がります。

1日に2~3回、事前に決めたポイントに集合して進捗状況の情報交換を行ないます。

③住宅地図を塗りつぶしながら、ドアコールを行なっていきます。

■効果的な話し方

①ドアを開けてもらうためのトーク例

「このたび××（場所の説明。目印になる場所をまじえて具体的にわかりやすく）にオープンする○○（業種を明らかにする）屋です」

「ご近所の皆様にお土産をお持ちして（特典を持っている旨を早い段階で伝えるとドアを開けてもらいやすい）、ご挨拶に伺っております」

②ドアを開けてもらった後のトーク例

「こんにちは。○○屋（業種）の△△（店名）と申します」

「×月○日に、ご近所の皆様をお招きしてオープンのお祭りを行ないますので、ぜひおそろいでお越しくださいませ」

「当日は、無料で○○していますので（当日のお客様特典を簡単に伝える）、皆さんで遊びに来てください。詳しくはこちらのチラシをご覧ください」

■3割の来店が成功の目安

ドアコールを実施した世帯数のうち、30％以上、期間中の来店（組数）があれば、この作戦は成功と言えるでしょう。もはや、お店を構えて待っているだけ、折込チラシやＤＭなどによる販促だけでは、お客様に認知されにくくなってきています。

ドアコールは、「待ち」の商売に戸別訪問営業の考え方を取り入れた販促法と言えます。大きなセールやリニューアルオープンなどの際に最適な販促です。

ドアコールは、明るく、笑顔で、楽しもう！

まずはどこの何屋であるか？を伝える

こんにちは！
今度××にオープンする美容室○○と申します！

ドアを開けてもらえるかどうかが勝負なので、プレゼントがある場合はそれを必ず先に言う！

ご近所の皆様限定のプレゼントをお持ちしてご挨拶に回っています！

明るく笑顔で！

嫌～な顔をされても決してめげない！
次がある！
その次もある！

開けてもらったら…
プレゼントを渡し…
チラシも渡し…

服装は、できれば、揃いのTシャツ、パーカー、ジャンパーetcがあった方が安心感を与える

○月○日から○日間特別セールをしています。当日は、こちらのチラシのサービス券が使えますのでぜひお越しくださいませ！

気持ちは強気で！
お客様の得になることをお伝えしに行くのですから

お忙しいところ、ありがとうございました！

チラシ＆
プレゼント袋

売り込みはしなくてよい。自然な会話ができればベスト

12 一気にシェアアップができるテレビCM

■実益優先のCMを作る

中小の小売店にとって、テレビコマーシャルは、一気に知名度を上げることができる憧れの販促媒体です。

しかし、費用が高いこと、効果の測定が難しいこと、広告エリアが広範囲に及んでしまうこと（無駄な費用を使うことになる）などの理由で敬遠されがちです。

確かにこのようなデメリットはありますが、「少なくとも3年間は、継続してテレビＣＭを流し続ける」と腹をくくれば、確実に効果が見込める販促媒体です。

決して安くない費用に見合う即効性あるテレビＣＭを作るためのコツは、大企業のような「イメージ優先型ＣＭ」にしないことにあります。つまり、お客様にとっての「実益優先型ＣＭ」を作るのです。

お客様に訴えたいことは何か？　あなたのお店の特長は何か？　ということをあらかじめ整理して、それをわかりやすくダイレクトに表現することがポイントです。

たとえば、①来店して欲しい→近くの目印になるものやお店の外観を入れる、②品揃えが多い→店内の商品をボリュームたっぷりに撮る、③自社生産である→作っている風景を音とともに表現する、④親切である→スタッフや社長の家族が登場する、などのアイデアを取り入れます。広告会社のＣＭディレクターに、まかせっきりではいけません。

お客様が、なぜ、あなたのお店を利用していているのか、お店にはどんな強みがあるのかを一番知っているあなた自身が、15秒間という限られた時間のなかで、お店のことを「お客様の実益を中心に」１２０％伝えることのできる中身を考えるのです。

■他の販促手段と並行して実施すること

テレビＣＭの効果を最大限に発揮するためには、即効性のある販促手段（チラシ・ＤＭ・ポスティング・店舗外観など）を同時並行で実施することが必要です。

ＣＭを流しただけで、お客様があなたのお店に足を運んでくれる可能性はほとんどありません。「普段、ＣＭでよく知っているあのお店の広告が目の前にある」というとき、はじめてお店に行くことを決断するのです。

特長を徹底的にPRする実益優先型の15秒間テレビコマーシャル

コメント

○○通り××信号を左に曲がると…
黄色い建物が目印。
お墓のことなら△△石材

お墓のことなら△△石材
「ご来店いただくこと」が目的なので、場所と目印をわかりやすく伝える。
（カメラで道順を追いかける）

コメント

15万円のお墓から300万円の国産みかげ石まで80基以上を展示。

具体的な数字をまじえて、自社の特長を言い表わす。（カメラで店内外を撮る）

コメント

お墓のことなら△△石材

社名を15秒間のなかで2回発することで、頭のなかに焼きつけてもらう。（社長と実子が登場し、親しみやすさをPR）

13 電話マーケティングは信用力を下げない

■強引でしつこい営業への嫌悪感

電話マーケティング、つまり、お客様1人ひとりに電話をかけていく販促手法を実施することに、拒否反応を示す経営者・リーダーが多いようです。

自分自身も、強引でしつこい電話営業を受けた経験があり、同じことを自社で実施することには、抵抗を感じるからでしょう。

ここで、電話マーケティングをためらう3つの代表的な意見に検証を加えてみます。

■電話マーケティングをためらう理由は

①「自社のイメージを落としてしまう」

では、ここで質問です。

「何という会社から電話によるセールスを受けましたか？　具体的な社名を挙げてください」

答えることのできる人は少ないと思います。「○○業界から……」くらいまでは覚えている人は多いようですが、具体的な社名となると覚えていません。

ですから、あなたのお店や会社がよほど有名でない限り、イメージを落としてしまうことは、まずありえないと考えていいでしょう。また、イメージを落とすような強引で不快な電話を勧めているわけではありません。

②「電話によるセールスをしている業者が増えている」

電話マーケティングは、その他の販促手段よりも、費用対効果が高いから、数多く実施されているのです。

販促手段にしろ、店舗にしろ、そこに市場（マーケット）があるから、増えていると捉えるべきです。このことは、マーケティングに携わる者として、必ず知っておきたい原則です。

③「お客様に、しつこいと思われる」

セールの案内を送っても、封さえ開けてくれていないお客様が数多くいるという事実をご存じでしょうか。さらに、内容を正確に把握しておられるお客様となると、どれくらいいると思いますか。

「お送りしたご案内をご覧いただけましたか？」という一言を電話でお伝えするだけで、DMの反応率は平均で1・5〜2倍に跳ね上がるのです。

電話マーケティングは、DMの反応をアップさせる！

・ダイレクトメールを送付しただけでは反応が悪い場合も、電話フォローを入れると、受注が1.5〜2倍に増える。

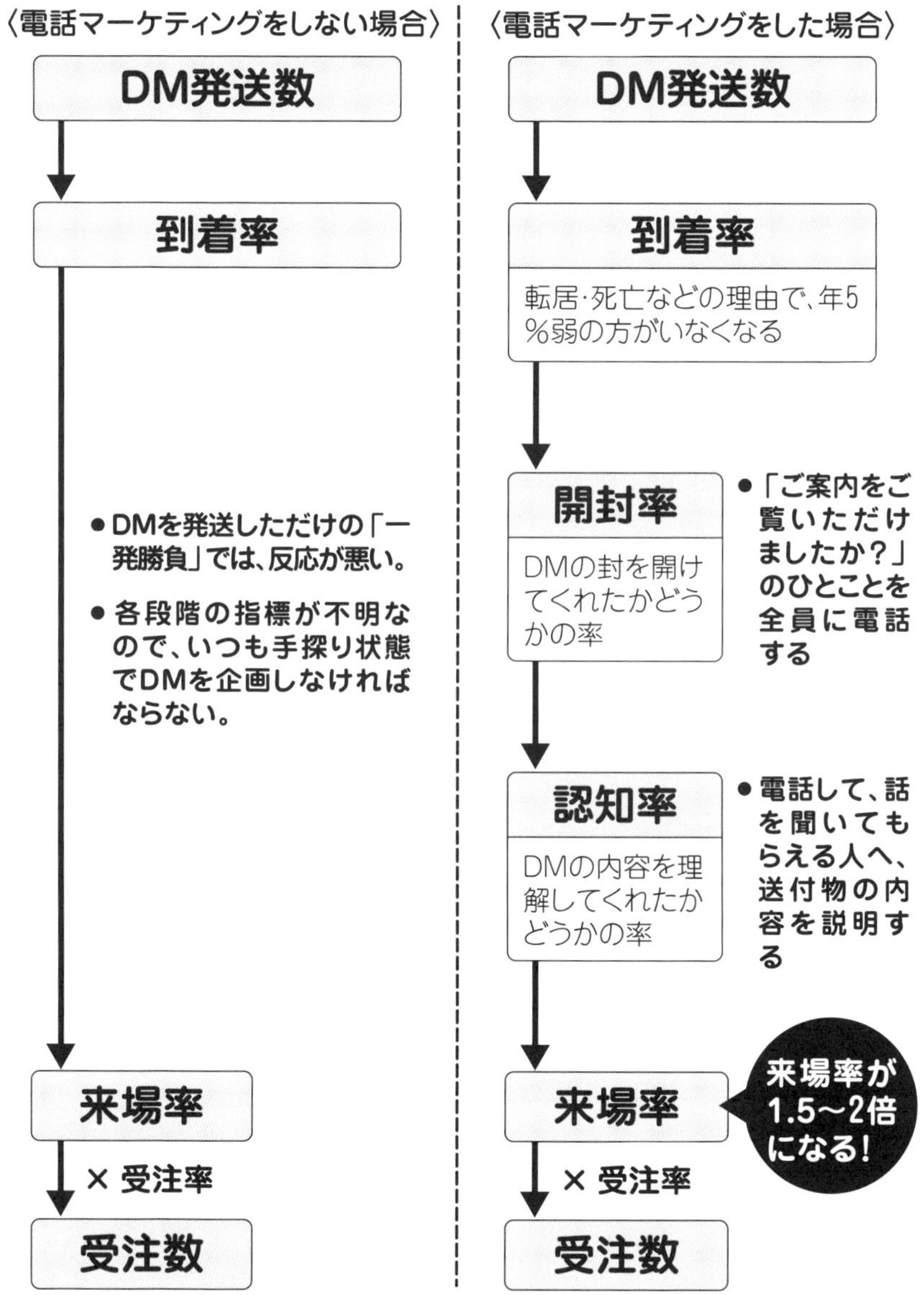
〈電話マーケティングをしない場合〉
DM発送数
到着率
●DMを発送しただけの「一発勝負」では、反応が悪い。
●各段階の指標が不明なので、いつも手探り状態でDMを企画しなければならない。
来場率
× 受注率
受注数
〈電話マーケティングをした場合〉
DM発送数
到着率
転居・死亡などの理由で、年5%弱の方がいなくなる
開封率
DMの封を開けてくれたかどうかの率
●「ご案内をご覧いただけましたか？」のひとことを全員に電話する
認知率
DMの内容を理解してくれたかどうかの率
●電話して、話を聞いてもらえる人へ、送付物の内容を説明する
来場率
来場率が1.5〜2倍になる！
× 受注率
受注数

14 実践！　電話マーケティング

■スクリプト（台本）を作る

ただ、やみくもに「お客様に電話しなさい」と指示を出すだけでは、電話マーケティングは成功しません。

「会話の設計図」とも言えるスクリプト（台本）を作成し、それに基づいて電話をすれば、全員のレベルを引き上げ、効果を最大化することができます。

「電話をかける前の心構えは？」「相手が電話口に出たときの第一声は？」「そこで『はい』と言われたら？」「『いいえ』と言われたら？」「質問されたら？」といった会話の具体的なフレーズと流れを、チャート図にして示したものがスクリプトです。

これは、難しいノウハウではありません。

電話マーケティングをしていて、アポイントを取り付けることが上手な人、イベントに勧誘してOKの返事をもらうことが上手な人のトークには、その人なりの「台本」ができ上がっているはずです。

それを観察しながら、みんなでスクリプト（台本）を作っていけば、あなたの会社のオリジナルのノウハウができ上がります。

■電話マーケティングをその後の販促に活かす

前述の「開封率」「認知率」をはじめ、「資料請求率」「来場率」などを集計し、スクリプト自体の書き直しの必要性、個人別の電話の方法の修正点、送付した案内の効果などを検討する材料とします。

継続的に集計することで、どんなDMの開封率が高いのか、どんな言い回しにすれば決定権者と話ができるのかということがわかり、電話マーケティングの販促精度は、どんどん高まっていくのです。

また、お客様と直接、話をすることができるということも大きなメリットです。

「こんな商品はないのか」、「同業の他社はこんなことをやっている」、「こんなことで困っている」、さらには、あなたのお店に対するクレームまで、お客様の生の声をダイレクトに収集することができるため、単なる販促に終わらず、商品開発・店舗作り・接客・サービス開発にも、有機的につなげていくことができるのです。

看板店が新規顧客開拓のために使っているスクリプト（台本）例

・その会社の体質や、時々の状況に合わせて、何度も書き直して使っているスクリプトです。現場から学んだことを活かした泥くさい、しかし実践的な内容です。

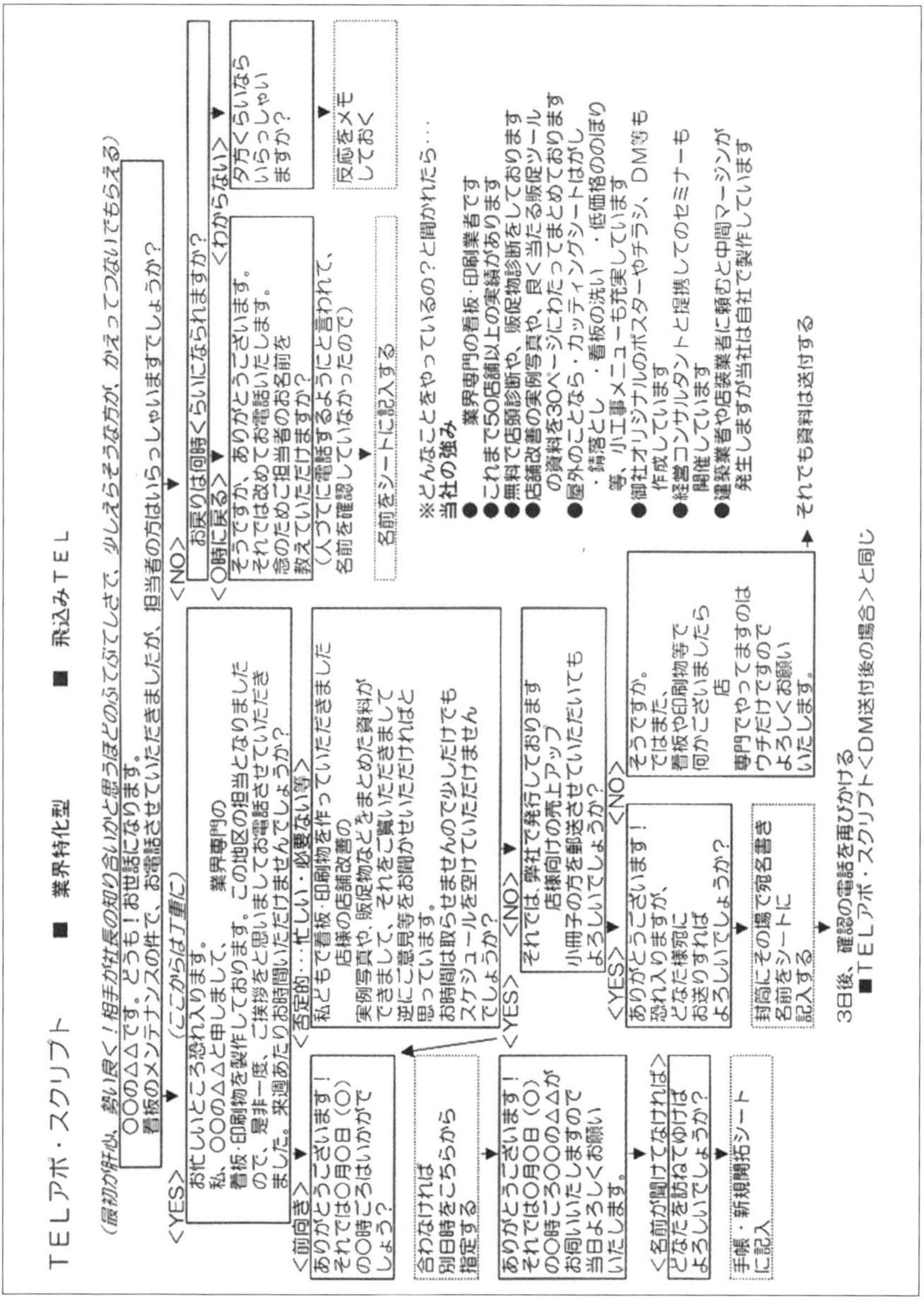

TELアポ・スクリプト　■ 業界特化型　■ 飛込みTEL
（最初が肝心、勢い良く！相手が社長の知り合いかと思うほどのふてぶてしさで、少しえらそうな方が、かえってつないでもらえる）
○○の△△です。どうも！お世話になります。
看板のメンテナンスの件で、お電話させていただきましたが、担当者の方はいらっしゃいますでしょうか？
<YES>
（ここからは丁重に）
お忙しいところ恐れ入ります。
私、○○の△△と申しまして、　業界専門の
看板・印刷物を製作しております。この地区の担当となりましたので、是非一度、ご挨拶をと思いましてお電話させていただきました。来週あたりお時間いただけませんでしょうか？
<前向き>
ありがとうございます！
それでは○月○日（○）の○時ごろはいかがでしょう？
合わなければ
別日時をこちらから
指定する
ありがとうございます！
それでは○月○日（○）の○時ごろ○○の△△がお伺いいたしますので当日よろしくお願いいたします。
<名前が聞けてなければ>
どなたを訪ねてゆけばよろしいでしょうか？
手帳・新規開拓シートに記入
<否定的・・・忙しい・必要ない等>
私どもで看板・印刷物を作っていただきました
店様の店舗改善の
実例写真や、販促物などをまとめた資料ができまして、それをご覧いただきまして逆にご意見等をお聞かせいただければと思っています。
お時間は取らせませんので少しだけでもスケジュールを空けていただけませんでしょうか？
<YES>
<NO>
それでは、弊社で発行しております
店様向けの売上アップ
小冊子の方を郵送させていただいてもよろしいでしょうか？
<YES>
ありがとうございます！
恐れ入りますが、
どなた様宛に
お送りすれば
よろしいでしょうか？
封筒にその場で宛名書き
名前をシートに
記入する
3日後、確認の電話を再びかける
■TELアポ・スクリプト<DM送付後の場合>と同じ
<NO>
そうですか。
ではまた、
看板や印刷物等で
何かございましたら
店
専門でやってますのは
ウチだけですので
よろしくお願い
いたします。
それでも資料は送付する
<NO>
お戻りは何時くらいになられますか？
<○時に戻る>
そうですか、ありがとうございます。
それでは改めてお電話いたします。
念のためご担当者のお名前を
教えていただけますか？
（人づてに電話するようにと言われて、名前を確認していなかったので）
名前をシートに記入する
<わからない>
夕方くらいなら
いらっしゃい
ますか？
反応をメモ
しておく
※どんなことをやっているの？と聞かれたら・・・
当社の強み
●　業界専門の看板・印刷業者です
●これまで50店舗以上の実績があります
●無料で店頭診断や、販促物診断をしております
●店舗改善の実例写真や、良く当たる販促ツールの資料を30ページにわたってまとめております
●屋外のことなら・カッティングシートはがし・錆落とし　・看板の洗い　・低価格ののぼり等、小工事メニューも充実しています
●御社オリジナルのポスターやチラシ、DM等も作成しています
●経営コンサルタントと提携してのセミナーも開催しています
●建築業者や店装業者に頼むと中間マージンが発生しますが当社は自社で製作しています

❶繰り返しの法則で、値引きせずに売上アップ

❷インパクト抜群！　現物そのままＤＭ

❸少額商品でも「展示会」販促をやってみよう

❹「展示会」販促の実践法

❺ＲＦＭ分析で顧客管理（その１）

❻ＲＦＭ分析で顧客管理（その２）

❼ＲＦＭ分析で顧客管理（その３）

❽ファンを作り出すニュースレター

❾競合店のせいでは売上は下がらない

❿実践！　競合店対策の要諦

⓫年賀状よりも年末状

5章

販促で既存顧客を引きつける方法

1章	90日間で売上を1.5倍にするマーケティング計画を作ろう！

関わり方の具体的事例		お客様	
		新規顧客	既存顧客
自分	商品	2章	3章
	販促	4章	5章
	店舗	6章	7章
	人	8章	9章

資料編	90日間売上アップ行動計画のサンプル

1 繰り返しの法則で、値引きせずに売上アップ

■購買履歴からお客様の「習慣」をつかむ

人間は、「繰り返す」という習慣を持つ動物です。

「朝、シャンプーをする人は、それができない日は気持ちが悪い」「カレーが好きな人は、定期的にカレーを食べている」というように、人間にはそれぞれの生活や好みに「習慣」があるものです。

タバコを1箱売るのに、タバコを吸う人に売るのとタバコを吸わない人に売るのとでは、どちらが簡単でしょうか。そうです。習慣になっているお客様のニーズをつかむことが大切なのです。

お客様の習慣は、商品の「購買履歴」に表われます。過去の購買履歴を調べれば、いたずらに値引きをすることなく、お客様が喜び、売上につながるセール企画を考えることができるのです。

■どんな業種でも応用できる

あるレンタルビデオの店では「全品20％ＯＦＦ」のＤＭを打ち続けていましたが、そのセール方法をストップしました。新作映画をよく借りる人、任侠映画をよく借りる人、アニメ映画をよく借りる人……と、購買履歴をもとにお客様のタイプを分類し、それぞれに関する圧倒的な量の情報（商品アイテムやコメント）を載せたセール案内をお届けしたところ、成果が表われました。

また、お客様の習慣（ニーズ）によって買う商品がはっきりしているペットショップ（犬を飼っている人が求めるのは犬関連グッズ）やスポーツショップ（テニスをする人が買うのはテニス関連商品）、次回購入予定の商品が聞き出せる接客商売（宝石店、家電店、リフォーム店）など、どんな業種でも「繰り返しの法則を利用した個別対応セール案内」は応用できます。

お客様は、あなたの取扱商品のすべてを一律に買っているわけではありません。自分の生活習慣に合わせて、一部の商品を集中的に買っていることが多いのです。それを売り手が的確に把握し「お客様が好きな商品だけを特集しましたよ。こんな商品がお好みのはずでは？」というセールに切り替えていけば、無駄な値引きをしなくても売上が上がります。

お客様の好みを把握し、特集すれば、値引きなしでも売上アップ!

●鮮魚店の「いわし」特化型チラシ

…いわしを食べる習慣のある人に、もっといわしを食べてもらうための提案がいっぱいです。

●看板資材の「新商品拡販」DM

…旧来型のパネルを使用していたお得意先に向けて発送しています。パネルそのものをDMとして活用しています。

2 インパクト抜群！ 現物そのままＤＭ

あなたの商品をそのままＤＭとして、お客様のもとに送ることができることをご存じですか。もちろん、通常の紙のＤＭよりも送付コストが高くつく場合もありますが、お客様に与えるインパクトや効果がそれ以上であれば、十分に元はとれます。

■商品ＰＲのための現物ＤＭ

紙だけでは、商品のよさを表現することが難しい場合もあります。たとえば、業務用のインクジェットメディア（看板用の資材）の場合、いくら「これまでのものとは鮮やかさが違います」と宣伝しても、どの競合店も同じことを言うでしょう。

また、看板屋さんにとっては原材料費（原価）に当たる商品ですから、少しでも安く品質のよいものを仕入れたいという意識が強いため、価格競争に陥りやすいのです。使用しているインクジェット出力機械やインクとの相性によっても、品質に違いが出てきます。

このような場合は、やはり見て触って体験してもらうことが一番です。このため、自社で出力したインクジェットメディアをそのままＤＭとして送付しました。

■お礼状としての現物ＤＭ

お客様に、お礼状や挨拶状として送るのも効果的です。ハガキの裏側に畳表を貼り付けた畳店が出しているお礼状は、お客様に感謝の気持ちを伝えるとともに、裏返して花瓶敷きや小物置きとしても使えるため大好評です。送った後もお客様の役に立つＤＭです。

■その他の事例

・経営コンサルタントが、自分の書いたレポートやテキストを同封したＤＭを送る
・学習塾が、塾生の通知表や合格通知を載せたチラシを配布する
・医薬品会社が、試供品付きのＤＭを病院へ送る

このようなＤＭも、現物そのままＤＭと言えます。

ただ「買ってください。いい商品ですよ」ということを文字でＰＲするだけではなく、商品のよさを実際に体験してもらえるＤＭが効果を発揮し、購買に結びついているのです。

言葉で説明するよりも、見ていただいた方が違いがわかる！

●看板資材のダイレクトメール

●畳店のお礼状兼花瓶敷き

3 少額商品でも「展示会」販促をやってみよう

■高額商品ばかりが展示会の対象ではない

・牛乳販売店が展示会イベントを開催。２００名以上を集客し、うち20名が宅配顧客となった

・畳店が工場を開放して、展示会を開催。３００名以上を集客し、80名が成約。２日間の受注総額が６００万円を超えた

これは、実際に行なって成功した少額商品の展示会のケースですが、これまで展示会と言えば、住宅・宝石・仏壇・車など、高単価品を扱う業種で実施され、成果を上げていた販促法でした。「高い商品なので、すぐに注文するのは不安だ。どんな商品を、どんな人が、どんな場所で売っているのか、をしっかり見極めてから買いたい」というお客様が展示会に来場されるのです。

■少額商品でも慎重に買いたい

ところが、近年、高単価品以外の業種でも展示会を実施すれば集客できるようになりました。不況のため、お客様が少額商品に対しても慎重にお金を使うようになっているからです。高額商品を買うときと同じように自分の目で確かめて、買い物をしたいというお客様が増えているわけです。

店舗やチラシを見て、あなたのお店に興味はあっても足を運ぶことをためらっていた新規のお客様が、展示会をきっかけに来てくれるのです。

もちろん、既存のお客様に対して、日ごろの感謝の気持ちを表わし、コミュニケーションをとる場としても、特別なおもてなしで迎える展示会は実に有効です。

■地元の名物イベントに

「展示会」販促は、あなたが単独で開催するお祭りイベントであり、情報公開の場でもあります。ゆくゆくは、地域での名物イベントにするつもりで取り組んでください。

最初は、誰でもこんな不安があります。「業界でそんなことをした話、聞いたことがない」「1社だけでそんなことをしても、お客様が来てくれないのでは……」

そう思っているあなたにこそ、大きなチャンスがあるのです。

「展示会」を案内する折込チラシ

・高単価品以外の業種・業態でも、店舗・工場を開放した「展示会」販促が主流となってきています。

4 「展示会」販促の実践法

■展示会を成功させるためのコツ

あなたのお店の展示会を成功させるためには、つぎのような基本を踏まえて開催することが大切です。

①期間は2日間程度

土日の2日間に集中して行なうことがベストです。普段慣れていないこともあり、あまり期間が長すぎるとあなた自身もスタッフも疲れてしまいます。

②集客方法

新規顧客の集客は、折込チラシやポスティング、地域情報誌への広告掲載など、地域密着の販促手段がベストです。広いエリアに数多くまく必要はありません。

また、展示会当日のイベントに奉仕活動（売上の一部を寄付する、福祉団体やお年寄りの施設に無料サービスする）を盛り込み、それを地元の新聞社やテレビ局に告知すれば、取材してもらえる場合もあります。

既存顧客に対しては、1週間～10日前にＤＭで展示会の開催をお知らせします。通常の特典の他に、既存顧客だけへの特典を用意してお待ちしている旨を挨拶文にして、チラシと一緒にお送りすればいいでしょう。また、店頭（ポスターやビラ）で、イベントの開催を事前にお知らせすることも有効です。

③集客のための特典

人が多く集まっていれば「何があるのだろう？」と、さらに人を集め、イベント自体に勢いが出ます。

人を集めるためには、お客様への無料の特典をどれだけ告知できるかが決め手となります。

つまり、いかにお金をかけず、魅力的な特典を仕入れることができるのかということが、特典を設定するためのポイントとなります。

④全員一丸体制

スタッフ全員が参加してこのお祭りイベントを成功させることは、社内の一体化を促し、社員教育ともなります。

販売目標を決め、企画を考え、お客様をもてなし、商品を販売し……、というプロセスは、まさに普段の営業活動と通じるものがあるからです。

できるだけローコストの特典でお客様に楽しんでもらう！

必要以上にお金をかけることはありません

5 RFM分析で顧客管理（その1）

■RFM分析とは

顔と名前の一致する上得意客にも、はじめて利用してもらったばかりの入門客にも、3年以上も利用してくれていない疎遠客に対しても、一律に同じアプローチをするのは得策ではありません。それぞれに合った販促を行なった方が、断然効果が高まります。

「RFM（アール・エフ・エム）分析」という方法でお客様を分類すれば、効果的なアプローチの方法が見えてきます。

RFMは、それぞれつぎの言葉の頭文字です。

R（Recency）：最新購入日

F（Frequency）：累計購入回数

M（Monetary）：累計購入金額

つまり、購入日が新しいほど、購入回数が多いほど、購入金額が多いほど、再利用の確率が高い「上得意客」であるという考え方に基づき、RFMそれぞれに基準を設けて、お客様をマトリックスの「箱」に分類します。

左図では、R（最新購入日）とF（累計購入回数）で、マトリックスを作成しました。縦軸、横軸の基準の設定は、あなたの業界の購買の特性に合わせて変更してください。

■縦軸のR（最新購入日）の区切り方

A＝「○ヶ月に1度、利用してくれるお客様は上得意様だ」という場合、○に当てはまる数字をAとBの区切りとします。C＝「●ヶ月以上、利用のないお客様は2度と来ないことが多い」という場合、●に当てはまる数字をBとCの区切りとします。B＝AとCの間の数字、つまり○ヶ月から●ヶ月の間に利用したことのあるお客様がここに入ります。

■横軸のF（累計購入回数）の区切り方

Ⅰ＝「1年間に累計で△回以上、利用してくれているお客様は上得意様だ」という場合、△に当てはまる数字をⅠとⅡの区切りとします。Ⅲは、まだ1～2回程度ご利用のお客様です。Ⅱは、ⅠとⅢの間の数字、つまり、2～3回以上△回未満の回数、ご利用いただいたことあるお客様がここに入ります。

R（最新購入日）×F（累計購入回数）によるお客様分析

		F（Frequency）累計購入回数		
		Ⅰ	Ⅱ	Ⅲ
		△回以上ご利用	△回～3回ご利用	1～2回ご利用
R（Recency）最新購入日	A	AⅠ	AⅡ	AⅢ
	○ヶ月以内にご利用	信頼関係ができている得意客	満足してくれている得意客	はじめて利用した入門客
	顧客数	人	人	人
	B	BⅠ	BⅡ	BⅢ
	○ヶ月～●ヶ月の間にご利用	最近、足が遠のいている上得意客	最近、足が遠のいている得意客	最近、足が遠のいている入門客
	顧客数	人	人	人
	C	CⅠ	CⅡ	CⅢ
	●ヶ月以上ご利用なし	完全に利用をやめてしまった上得意客	完全に利用をやめてしまった得意客	完全に利用をやめてしまった入門客
	顧客数	人	人	人

① あたなの会社・お店の顧客を9つのボックスに分類し、人数を出してみましょう。
② AⅠ、AⅡ、BⅠ、BⅡの4つのボックスに入る顧客は、何パーセントありますか？
③ ②の4つのボックスに入る顧客を多くするための具体策を実行します。

6 ＲＦＭ分析で顧客管理（その2）

■お客様の特性ごとのアプローチ

9つのボックスに分類されたお客様の特性ごとに、アプローチします。

ボックスのＡⅠ、ＡⅡ、ＢⅠ、ＢⅡが、あなたのお店の売上を支えてくれているメインのお客様ですから、この4つのボックスに入るお客様の数を、いかに上げてゆくかということが最重要テーマです。

ＡⅠ：信頼関係ができている上得意客

単なる「値引き」で喜んでもらう顧客層ではありません。リーダー自ら手紙を書いたり、年に1度のお礼訪問、さらにはパーソナルな情報（子供、趣味、健康などの話題）を交換したり、会社運営に関するアドバイスを求めたりと、売り手・買い手の垣根を越えた「強力なサポーター」となっていただくためのアプローチを行ないます。

ＡⅡ：満足してくれている得意客

まず、商品の品質を高めたり、利用するたびに楽しい店作りをすることが必要ですが、それに加えて、お客様の名前を覚えたり好みを把握することによって、ＡⅠの上得意客へと引き上げていきます。

また販促手段としては、「特別ご招待会」などのＤＭや、利用するほど得をする優待制度など、「特別感」のあるものが有効です。

ＢⅠ：最近、足が遠のいている上得意客

この層は、個別に最重点フォローしなければなりません。足が遠のいたのは、お客様の都合（転居等）によるものなのかもしれませんが、店のシステム変更、つまり品揃えを変えた、スタッフの配置転換をしたなどの理由も考えられます。

電話フォローで様子をお伺いしたり、品揃え・スタッフ変更の場合は挨拶状を出すなどして、引継ぎに細心の注意を払う必要があります。

ＢⅡ：最近、足が遠のいている得意客

ＢⅠの理由に加えて、競合店の影響を受けやすいポジションです。「お得感」のあるＤＭ販促（季節ごとのセール案内、値引き特典など）が特に有効です。

上得意様へは「値引き」以外のサービスを！

7 RFM分析で顧客管理（その3）

■主力でない客層にどう対応するか

CⅠ：完全に利用をやめてしまった上得意客

ＢⅠのお客様を早期発見できず、放置したためにできてしまった顧客層です。お客様として戻ってきてくれることはほとんど期待できませんが、不満を聞ければ、お店の根本的な問題点を拾い出すことができるでしょう。

CⅡ：完全に利用をやめてしまった得意客／CⅢ：完全に利用をやめてしまった入門客

相当の余裕がない限り、これらのお客様を何とかしようとは思わないほうがいいでしょう。何をしたとしても戻ってきてくれることはありません。このボックスに入るお客様に対しては、「売上を求めて、深追いしない」という基本スタンスを持つことが必要です。

AⅢ：はじめて利用した入門客

何らかの理由で、あなたのお店をはじめて利用したお客様です。ファーストコンタクトでよい印象を与えることはもちろん、早くＡⅡ段階まで上がっていただくための「新規顧客用セット」を用意します。具体的には「3回続けてご利用いただいたお客様は、継続して利用してくれる確率が高い」という原則に合わせ、3回クーポン券や会社案内リーフレット、期待に添えなかった場合の保証書などをお渡しします。

BⅢ：最近足が遠のいている入門客

1度か2度利用して、それっきりのお客様です。お客様のなかで、利用の前後にギャップがあったはずです。アンケートや電話フォローなどでそれが何かを知り、今後に活かせば、新規顧客の定着がよくなります。

■ターゲットを絞り「失客」を食い止める

このようにお客様を分類し、最適なアプローチをすることで「失客」を食い止め、売上を伸ばすことができます。一生懸命に新規顧客を開拓しても、ザルのようにお客様を失っていては努力が水の泡です。ターゲット客層を絞ったＤＭで、販促経費を抑えることもできます。

また、半年あるいは1年に1度は、同じフォーマットで分析を行ない、それぞれのアプローチが効果を発揮したのかどうかを数値で確認することが必要です。

●会社案内リーフレット

▼どんなお店なのか？　ということを知っていただくために有効なツール。新規顧客にお渡しします。保存版のメニュー表として新規顧客にも好評です。

●3回使えるクーポン券

▶「はじめての利用から3回続けてご利用いただいたお客様は、顧客として定着する確率が高い」という法則に基づいて作られたツール。

8 ファンを作り出すニュースレター

■「売り」のない情報を伝える

ニュースレターとは、会社やお店の「パーソナリティ（個性）」をお客様に知っていただくために、実に効果的な販促ツールです。

固定客に対するDMや電話フォロー主体の販促活動は、熱心にやればやるほど徐々にマンネリ化し、最悪の場合、「あのお店は売り込みばかり！」と嫌がられてしまうこともあります。

そこで「売り」のないお役立ち情報を、いつもご利用いただいているお客様に対して伝えることで、心理的な親しみを持っていただくのがニュースレターの役割です。商品を介しただけでは完全に伝えきれないお店の考え方や、スタッフの人となりを紙面に表現します。紙面は手づくり感を大切にし、手書きあるいは自家製のデザインとするのがベストです。

■掲載する内容は

以下のような事柄を掲載すれば、お客様に親しみを持っていただけるでしょう。

①経営者（発行者の身近で起こった公私の出来事）
②会社（スタッフの紹介や社内で起こったこと）
③商品（取扱商品の上手な使い方、手入れの方法）
④お客様（お客様を紹介する情報）
⑤生活（身近な生活や地域のお役立ち情報）

■発行回数と配布方法

「毎月発行する」というよりは、最低でも5～6年は続けるということを第一の目標にして、無理のないペースで発行していくのがコツです。

配布方法は、店頭での手配りをベースにし、来店されなかったお客様には郵送でお送りします。郵送の場合、「売り」の情報である通常のセール案内を別紙として同封してもOKです。

また、固定客（あなたのお店のユーザー）に対してだけでなく、見込客に送ることも効果的です。「アフターフォローもちゃんとしているんだなあ」「何だかいい人（お店）だなあ」と、お客様になる前から、あなたから商品を買った後のことをイメージしてもらえます。

普段は目にすることのできない一面を知ると、親近感がわく！

●広告代理店がクライアントに送っているニュースレター

東京を中心に活動する広告代理店イズ・アソシエイツの「固定客化推進プロジェクト」は、固定客化のための販促ツールに強い。
TEL. 03-3433-5060　ホームページ　http://www.kotei-p.jp/

9 競合店のせいでは売上は下がらない

本来、お客様との関係作りや品質の追求などによって、他店が進出してきてもあわてなくともよい、磐石の体制を作っておくのが一番です。

しかし、実際はそうもいかないものです。「近くに競合店ができた！」、「競合他社が営業攻勢をかけてきた！」とあわてて対策を練るお店は多いことでしょう。

■あなたの売上を下げている真犯人は……

競合店ができて、自店が売上を下げてしまう最大の要因は何でしょうか？

実は「競合店対策として、自分のお店の商品を、自分で値下げしてしまうこと」にあるのです。

「○○という安売りチェーン店ができる。相手のオープンセールはずいぶん安いらしい。こちらも全品30％ＯＦＦで対抗だ！」と、この自分で値付けをした「30％ＯＦＦ」が自らの首を絞めているのです。

値引きをしなくても来てくれていたはずの既存顧客にも一律30％ＯＦＦ。売上は「客数」と「客単価」の掛け算ですから、これは効きます。

客単価を30％下げて、客数が30％増えただけでは、売上はマイナスです。客単価70％×客数１３０％＝売上91％となり、何もしないときに比べて売上が９％も落ちてしまいます。

■30％値引きしたら43％の客数アップが必要

売上を１００％に戻すためには、客数は43％以上アップさせなければなりません。競合店がオープンしたなかで、30％の値引きをし、客数を43％アップさせる自信はありますか。競合店に「客数」を奪われて売上が下がるよりも、競合店の影におびえた自分自身が「客単価」を下げてしまうことに、売上ダウンの原因があることをご理解いただきたいのです。

では、いかにすれば売上を落とさず、上手に、しかも誰でもできる競合店への対抗策が打ち出せるのでしょうか。それは、①既存顧客（いつも来店してくれるお客様）への販促と②未来店顧客（まだ1度も来店していない新規のお客様）への販促を、明確に分けてしまうことにあります。

競合店ができて、売上が下がってしまう原因

10 実践！ 競合店対策の要諦

■既存顧客への対応

普段ご利用いただいているお客様への対応策は、「売価を下げるのではなく、原価を上げる」という発想で考えなければなりません。

既存顧客は「価格」以外の「何か」が気に入って、あなたのお店を利用していただいているのです。その「何か」をさらに強化するためのコストと手間をかけるのです。決して、売価を下げてはなりません。

■未来店顧客（新規顧客）への対応

一方、まだ一度も自店をご利用いただいたことのないお客様（未来店顧客）は、競合店のオープンセールへ行く可能性が高いわけですから、このお客様に対しては、過激な値引きセールを仕掛けます。

今までどおりのやり方ではあなたのお店に来てもらえなかった他店の顧客ですから、とびっきり過激な値引き幅でかまいません。

■相手の出鼻をくじくこと

競合対策上、相手のオープンセールを失敗に終わらせることは大切なポイントです。

オープンセールが不調だったお店は、経営が軌道に乗るまでに大変時間がかかります。逆にオープンに成功すれば、比較的順調に軌道に乗ってしまうものなのです。

競合相手がオープンするころには、地域のお客様がその商品に関して「もう、買うものがない」という状況になるまで、徹底して売り抜くのです。

既存顧客の名前と住所のわかる「顧客名簿」があれば、商圏の地図を塗りつぶしてゆくことで、未来店客を特定することができます。

超過激な値引きの告知チラシ（ＤＭ）は、折込みチラシで一般に広く告知するのではなく、塗りつぶした地図を見ながらのポスティング、個別訪問（ドアコール）、リスト化した未来店客名簿へのＤＭ送付によって、未来店顧客だけにお知らせします。

既存顧客へは「原価アップ」で貢献し、未来店顧客にだけ「売価ダウン」でとにかく1度でも来店してもらうというのが、競合店対策の要諦です。

新規顧客には、過激な値引きを！　既存顧客には満足を！

11 年賀状よりも年末状

■印刷だけの年賀状は誰も読まない

業績不振店あるいはその予備軍は、年賀状を大量印刷し、手書きのメッセージなどを添えることなく、そのままお客様に出しています。

年賀状を出すという行為そのものは、お客様に対する丁寧な気持ちが表われていてよいことなのですが、ただ出すだけでは、気持ちが伝わらないということに気づいていないのです。

お正月、お客様のもとには何十枚、何百枚という数の年賀状が届いているということや、友達、親戚から来たものと業者から来たものを分け、業者から来たもの、特に印刷だけのものは、まったく読まれていないということをご存じでしょうか。

■弱者の戦術「年末状」

多くの年賀状に紛れこむことなく、確実にお客様に感謝の気持ちを伝え、なおかつ売上にもつながる手段が「年末状」です。12月20日前後にお客様のもとに「今年も1年間ありがとうございました。そして来年もよろしくお願いします」というメッセージを年賀状と同様、ハガキでお届けするのです。コストは年賀状と同じです。

年末状は、年末から年始にかけての需要期のセール告知を兼ねることもできます。お客様の目に触れるチャンスが多く、「年末商戦」もターゲットにできる分、セール告知を兼ねた年賀状よりも、ずっと効果が高いのです。

発送のタイミングと内容を変えるだけで、年賀状1枚を送るのとまったく同じコストで、最大限に目的（ご挨拶とセール告知）を達成することができます。

大会社や世間一般が当たり前にやっていることを、小さな会社（弱者）が当たり前に実行していては、永遠に逆転は不可能です。知恵とアイデアをフル活用して勝ち残ってください。

ちなみに私は、ホワイトデーには毎年辛いものをプレゼントしています。世間と同じように甘いものをプレゼントしても目立たないからです。「弱者の戦術」を普段の生活のなかでも実行しているのです。

タイミングを「差別化」するだけで、一石三鳥の効果

●クリーニング店の「年末状」

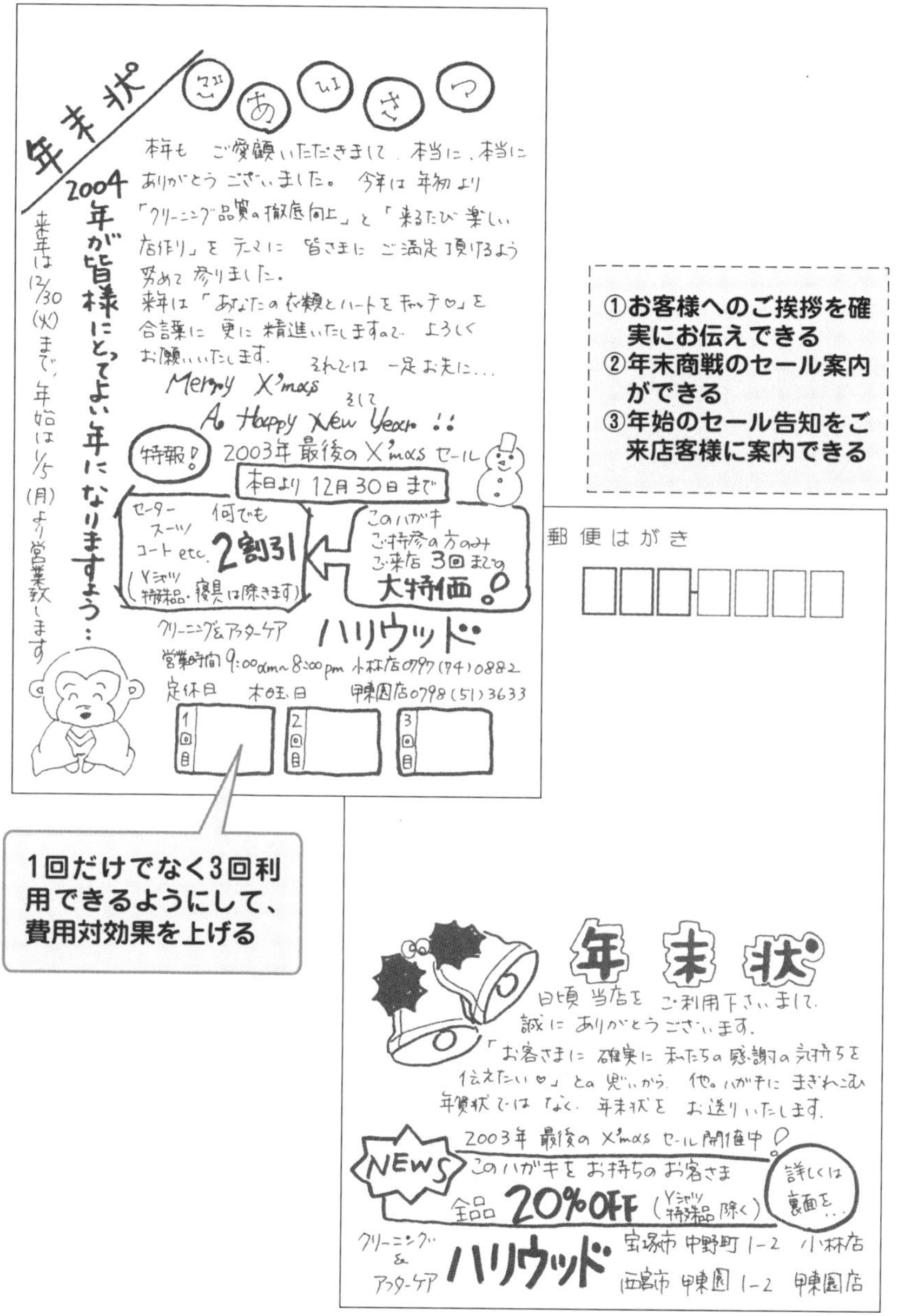

年末状
ごあいさつ
本年も ご愛顧いただきまして、本当に、本当にありがとうございました。今年は年初より「クリーニング品質の徹底向上」と「来るたび楽しい店作り」をテーマに 皆さまに ご満足頂けるよう努めて参りました。
来年は「あなたの衣類とハートをキャッチ♡」を合言葉に 更に精進いたしますので よろしくお願いいたします。
それでは 一足お先に…
Merry X'mas
そして
A Happy New Year!!
2004年が皆様にとってよい年になりますよう…
来年は12/30(火)まで、年始は1/5(月)より営業致します
特報!
2003年最後のX'mas セール
本日より 12月30日まで
セーター スーツ コート etc. 何でも 2割引
(Yシャツ 特殊品・寝具は除きます)
このハガキ ご持参の方のみ ご来店3回までの 大特価!
クリーニング&アフターケア ハリウッド
営業時間 9:00am~8:00pm 小林店0797(74)0882
定休日 木曜日 甲東園店0798(51)3633
1回目
2回目
3回目
①お客様へのご挨拶を確実にお伝えできる
②年末商戦のセール案内ができる
③年始のセール告知をご来店客様に案内できる
郵便はがき

6章

店舗で新規顧客を呼び込む方法

1章	90日間で売上を1.5倍にするマーケティング計画を作ろう！

関わり方の具体的事例		お客様	
		新規顧客	既存顧客
自分	商品	2章	3章
	販促	4章	5章
	店舗	6章	7章
	人	8章	9章

資料編	90日間売上アップ行動計画のサンプル

① 新規顧客がどんどん入る店舗外観作りのコツ

■看板はお店の命

「看板娘」「看板商品」「金看板」という言葉があるように、看板はお店の命そのものです。

ここで言う「看板」とは、大きな看板から造形物、テント、のぼり、垂れ幕、ポスター、ＰＯＰにいたるすべてを指しています。看板が目立たない、色あせている、汚れている、壊れているようでは、自らの外見がお客様を遠ざけてしまっているということです。営業マンの場合は、服装や持ち物、営業車が看板に当たります。

■あなたのお店の看板を最大限に活かすために

①何屋であるか一見してわかること…ズバリ業種名を入れたり、それを象徴する造形物やイラスト、マークを入れます。さらに、その業種のなかでもどんな特長があるお店なのかをキャッチフレーズとして入れます。

②建物自体を看板として活用する…繁盛しているお店は「建物は建物、看板は看板」と分けていません。全体にイメージカラーの塗装を施したり、自然素材で建物を建てたり、店舗自体が看板であるという意識でインパクトある外観作りをします。

③街中で目立たせるコツ…まず、大きいことです。店頭前の通行量の少ないお店なら大きさは必要ありませんが、その代わり、メインの通りからお客様を引き込むための「野立て看板」を大きくします。これにより二等立地が一等立地になります。つぎに、動きがあることです。たとえば、のぼりがパタパタとなびいていたり、ライトがくるくる回っていたりすると目を引きます。また、季節単位で店頭でＰＲしているものが変化していることも大切な「動き」の１つです。３番目は明るいことです。人もお店も、「明るい」とお客様が集まってきます。店内の照明は最低１０００ルクス以上、外見も明るく照らされたお店を作ります。

看板だけでは短期的な売上アップは果たせませんが、見るたびにお客様の頭のなかに刷り込まれ、ボディーブローのようにジワジワと、しかし確実に効いてきます。そして、即効性の販促手段（チラシ、ＤＭ、営業）と組み合わせると、爆発的な効果を発揮するのです。

目立つ！　お客様が入りたくなる店舗作り

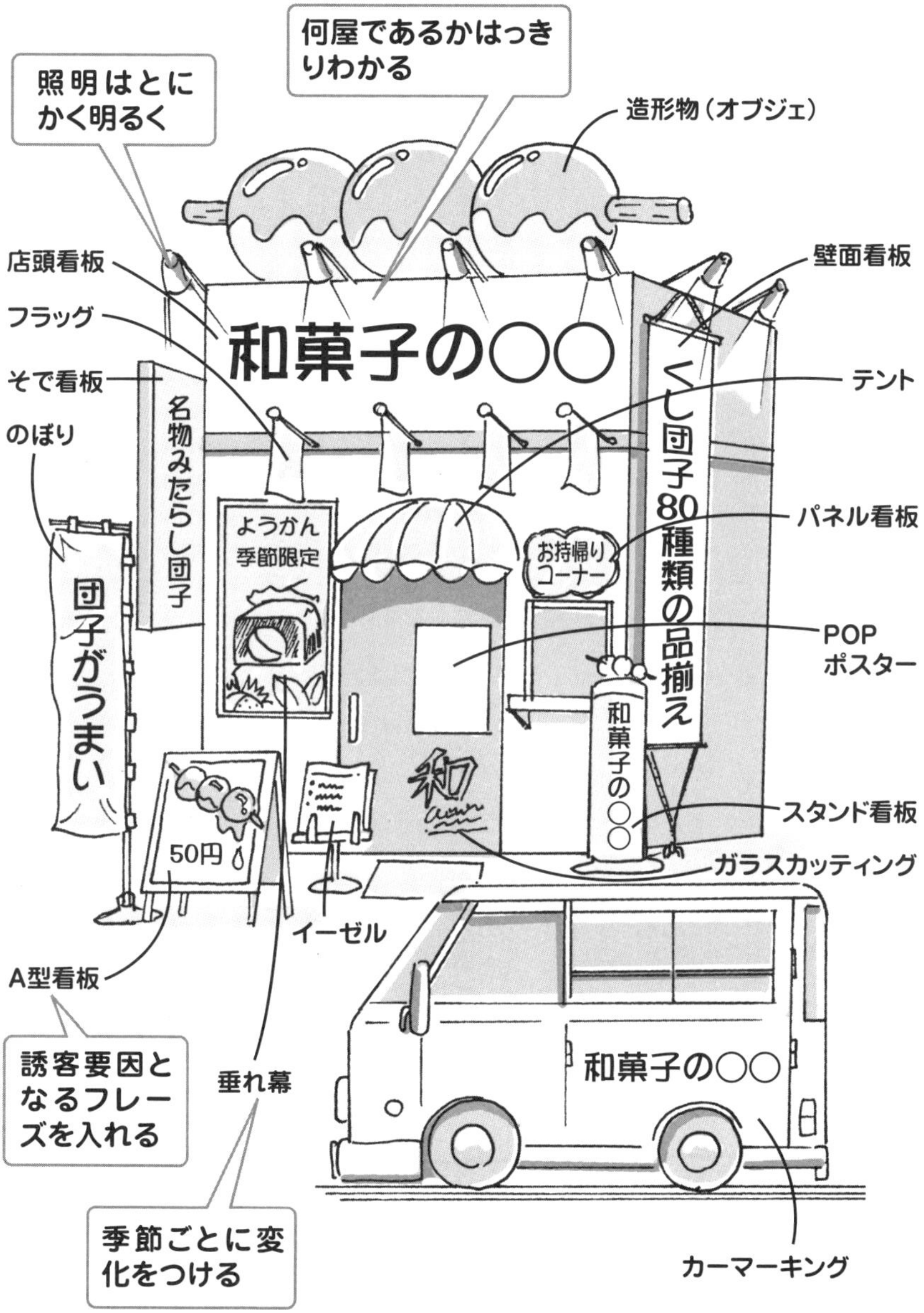
照明はとにかく明るく
何屋であるかはっきりわかる
造形物（オブジェ）
店頭看板
壁面看板
フラッグ
和菓子の○○
そで看板
テント
のぼり
名物みたらし団子
くし団子80種類の品揃え
ようかん
季節限定
お持帰りコーナー
パネル看板
POP
ポスター
団子がうまい
和菓子の○○
スタンド看板
ガラスカッティング
50円
イーゼル
A型看板
誘客要因となるフレーズを入れる
垂れ幕
季節ごとに変化をつける
和菓子の○○
カーマーキング

2 デジカメチェックのサイン計画でお店はよみがえる

■新規顧客を獲得できる看板の条件

「店舗の外観」の最も大切な役割は、新規のお客様を獲得することです。

お店の前を通るお客様に「あっ、こんなところに○○屋さんがある！」と気づいてもらえる店舗、「入ってみたい！」と思わせる店舗を作らなければなりません。

ところが、現実的には「既存顧客のための外観」になってしまっているお店が多いのです。

お店の真正面からの見た目だけを強化しているところなどが、その典型例です。お店をわざわざ正面から見てくれるお客様は、もうすでにそのお店に入ろうとしているお客様です。つまり、もともとお店のことを認知しているわけです。

■お客様の視点からシミュレーションをしてみる

新規顧客獲得の必須条件は、興味を示してもらう前に、まず、その存在を知ってもらうことです。新規開店や店舗リニューアルの際には、まずこのことを念頭に置いておきましょう。

そこで、必ず行なうべきことは、通行者（車）の視点から自店を見て、目立つかどうかをチェックすることです。まず、実際に歩行者や自転車、車の視点から、自店の写真を撮ります。次に、どの位置に、どんな大きさの、どんな種類の看板（サイン）を設置するのが効果的なのか、写真の上から重ねてみるのです。これを「サイン計画」と言い、店舗作りの重要なポイントです。

のぼり・垂れ幕・店頭用イーゼル・立て看板・A型の置き看板・建物に取り付ける袖看板・ポール看板などの各種看板を、最適な場所に設置してお店を目立たせることが、新規客を呼び込む第一歩なのです。

左ページのような完成予想写真を、看板業界では「シミュレーション提案」と言います。顧客志向の看板店では、希望すれば施工前に実施してもらえます。また、前向きな看板屋さんの全国組織「ミスターサイン・ネットワーク」の本部（株式会社新星社：０９３‐３９１‐８３１１）に問い合わせれば、最寄りの優良看板店を紹介してくれます。

オープン・リニューアルのときには、シミュレーション提案がお勧め

施工前

シミュレーション

施工後

施工前

シミュレーション

施工後

▲名古屋を中心に活動する顧客志向の看板店・有限会社ケー・エス・ピーのシミュレーション提案
TEL. 0120-511-415　ホームページ　http://www.ksp-japan.com/

③ 店舗の外観に誘客要因となるフレーズを入れる

■誘客要因とは

新規顧客を呼び込むために、店舗の外観には「誘客要因」となるフレーズを入れます。「誘客要因」とは、その名のとおり、「お客様をお店に誘い込む」ための要因です。つまり、お客様が「店に入ってみよう」と思えるフレーズを店の外側でＰＲすれば、新規のお客様が増えるのです。誘客要因に最適なフレーズを挙げてみます。

①集客商品をアピールする言葉

・売れ個数（注文数）が最も多い商品…「シュークリーム１個１２０円」（洋菓子店）、「ご戒名の追加彫刻１体3万円」（墓石店）

・季節ごとによく売れる商品…「網戸張替え1枚２０００円」（金物店）、「七五三写真・撮影料０円」（写真館）

・はじめて来たお客様がよく買う商品…「ネクタイ１９８０円」（衣料品）、「シングル1泊８０００円・朝食サービス」（ビジネスホテル）

②特長を表わす言葉

・品揃えの豊富さ…「地酒３０００種類」（居酒屋）、「ＲＶ車２００台の品揃え」（中古車店）

・名物商品…「チーズケーキがおいしい店」（喫茶店）、「海の見える露天風呂」（旅館）

・営業時間…「夜10時まで営業中」（食品スーパー）、「土日祝も営業中」（クリーニング店）

・スピードのアピール「60分仕上げＯＫ」（ＤＰＥ店）、「機種変更15分で完了します」（携帯電話店）

・モットー…「笑顔！　あいさつ！　元気！」（書店）

・立地条件…「この先××インター入口まで、ガソリンスタンドはありません」（ガソリンスタンド）

■認識させ、自店の優位性まで伝える

あなたのお店が「何屋なのか」ということを知らせ、「その業種のなかでもどんな特長があるのか」ということまで外観からわかるようにします。

また「まごころこめた……」といった抽象的な言葉ではなく、お客様のメリットになる事柄を具体的に伝えることがポイントです。

お客様の入店率が高まる店舗外観作り

▲・そで看板を目立つ位置に移動。かつハッキリとした文字とカラーに変更。
・Yシャツ価格・仕上り時間・無料でしていたサービスを店頭でPR。

▲上記を逆方向から見た場合。すべてお客様の視線で、どこに、どんなタイプ・デザイン・カラーの看板をつけるのかを決定していきます。

▲ホームセンターなどで売っているグッズ（写真はチョークボード）も、看板として利用できます。花や木もお客様を寄せつける看板です。

4 売場作りの起承転結ストーリー（その1）

■お客様をワクワク・ドキドキさせるために

慈眼寺というお寺のなかにある、絵馬やお守りなどを売るいわゆる「売店」（正式には「授与所」）の活性化を行ないました。

参拝者に売店をご利用いただくための「ストーリー仕掛け」を意図的に施し、売店の売上（授与料）を増やしました。お客様をワクワク・ドキドキさせて、購買につなげる原則に基づいた売場づくりをご紹介します。

■【起】原則1：特長を一言で表わすこと

まず、門の前にある「慈眼寺」という今までの表札の隣に、「眼を慈しむ寺」という表札を追加しました。お寺の特長を事前に一言で知らせることで、参拝者の期待感が膨らみます。「ここは、眼にご利益があるお寺なんだ……」と。

世の中にはあらゆる商売が「氾濫」しています。「何でもあります」「何にでもご利益があります」とＰＲするよりも、１つのテーマに絞り込んでスバリ「こんな店です」「これに効きます」と宣言した方が、結果的にたくさんのお客様に支持されるのです。

■【承】原則2：特長の裏づけとなる現物を見せる

門から境内までつながる参道の脇に、メグスリノキ（目薬の木）が植えられていました。これまでは、他の木と一緒に、ただ植えられていただけでしたが、説明書きのＰＯＰを木にくくりつけて参拝者の目をひくことで「目にご利益のあるお寺」であることへの期待感と真実性を高めていきます。

お客様が購入に至るまでに目にするものが、お店の特長を裏づけるものであればあるほど、ワクワク・ドキドキ感と興奮度が高まってゆきます。

たとえば「鮮度」が売りの居酒屋なら、入口から客席への通路の途中に、新鮮な食材を並べたスペースを作る、「こだわり食材」が売りの食品スーパーなら、入口付近に高級な輸入食品をズラリ並べる……。

お客様に刷り込んでおいた「事前情報」に真実性を持たせ期待感を増幅させる「現物」を、購入の場面までに配置しておくことがポイントなのです。

境内が、ワクワク・ドキドキのストーリー仕掛けでいっぱいのお寺

起

眼を慈しむ寺 ◀ 追加

慈眼寺

承

メグスリノ木

▲植えられているだけなら、ただの木ですが、説明書きを加えることで、強力な武器となります。

お客様の心理

期待感

「眼にご利益のあるお寺なのか…」

期待感

真実性

「なるほど、本格的だぞ…」

慈眼寺レイアウト図

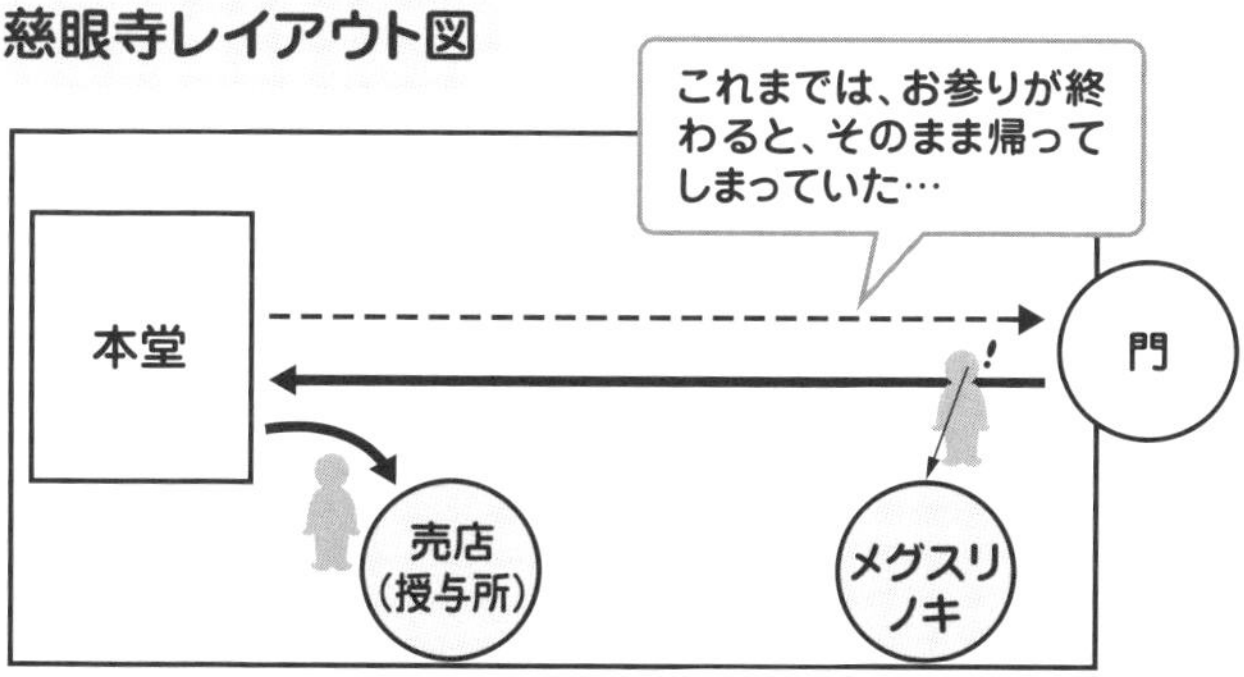
これまでは、お参りが終わると、そのまま帰ってしまっていた…
本堂
門
売店
（授与所）
メグスリ
ノキ

5 売場作りの起承転結ストーリー（その2）

■【転】原則3：お客様を引き込む「磁石売場」

本堂への参拝を終え、「さあ帰ろう」とくるりと振り返ると「メグスリノキのお茶・無料でふるまい中」という看板が目に入ってきます。売店の中に「無料試飲コーナー」を設けたのです。

以前は、売店への立ち寄り率は20％に満たなかったのですが、コーナーを作った後は、立ち寄り率が3倍以上になりました。つまり「半強制的」に、売り手側が意図する場所へとお客様を引き込むことができるのです。

このように、お客様が吸い寄せられる売場（コーナー）を、「磁石売場」と呼びます。

お客様にとって魅力的なコーナーをどこに設けるかによって、お客様の動き方（客動線）は、コントロールすることが可能です。

たとえば、お客様に2階へ上がっていただきたければ、景品の引換コーナーを2階に設ける、階段の踊り場付近に魅力的な商品を配する、2階以上のフロアに書店や100円ショップ、映画館など集客力のあるテナントを入れてシャワー効果（一度お客様を最上階まで上げ、下に降りながら買い物をしてもらう効果）を狙うなどの方法があります。スーパーの卵売場が店の奥の方にあることが多いのも、「客動線が長くなることで、買い上げ点数が増える」という「磁石」効果を狙ったものです。

■【結】原則4：買ってもらいたいものを明確化する

「メグスリノキのお茶」の無料試飲コーナーのまわりには、「このお茶はメグスリノキを煎じてたてたものです」という説明書きに加え、お茶の葉・目の飴など、よく売れていた「目」関連の商品を大量にボリューム陳列しました。さらには、お買上げのお客様のリピート需要にも対応できるよう、通信販売のご案内を商品に同封しておきました。

ただやみくもに並べるだけ、かっこよく見せるだけでは売れません。お客様に、まず何を見せ、どこを通ってもらい、何を買ってもらうか、その後のリピートにどうつなげていくかという売場での一連のストーリーを仕掛けておくことが必要なのです。

転

▲売店への「立ち寄り率」を高めるための看板

お客様の心理

期待感
真実性

↓ 変化

限定感
お得感

「えっ！ラッキー…」

結

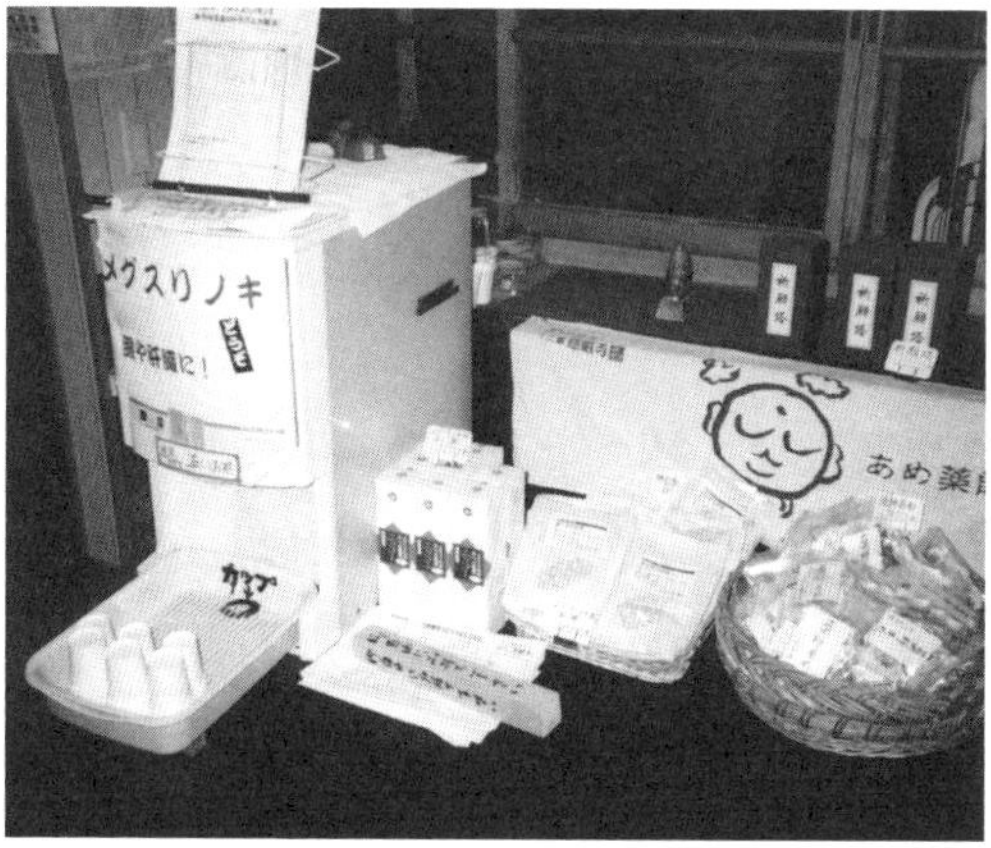

▲試飲コーナー周辺に、売れ筋の「目関連グッズ」を並べる。

購買

「せっかく来たんだし…無料で飲ませてもらったし…」

6 事前情報の刷り込み効果が満足度を上げる

■どちらのとんかつが美味しいか

あなたが、お客様としてA、B2つのとんかつ屋さんに入店したとします。

A店では、とんかつ定食が普通に出されてきました。

B店では、店内のポスターやメニュー、箸袋にまで、つぎのような言葉が書いてあります。

■B店のコピーの内容

・肉：店主自ら、とんかつに最適な豚肉を全国に探し求め、ようやく出会うことのできた福島産のエゴマ豚です。これまでの豚肉とは、明らかに味が違う！　衝撃の美味しさです。

・ころも：一般的な「パン粉にされるためのパン粉」ではありません。無添加のパンを毎日挽いていますので、サクサク感が違います。

・キャベツ：地元・大阪市近郊で採れた新鮮なキャベツを、美味しくいただくために10℃で保冷管理。さらに、とんかつと最も相性のよい厚みにスライスしました。おかわり自由！　食べ過ぎ注意。

・米：白いお米がうまいこと！　研究を重ねた独自のブレンドのお米を、美味しい水で炊き上げました。これもおかわり自由です。

・ソース：野菜と果物を8時間以上、コトコト煮込んだ秘伝のソースです。

■味は同じでも気分が違う

あなたは、注文してから、それらをじっくり見ながら、定食が出てくるのを待ちました。

A店、B店ともに、実際の味はそれほど変わりません。とすれば、どちらの方が「美味しく感じる」でしょうか？

もちろん、B店ですね。

これは、旅行に行く前にガイドブックを買って、これから行こうとする場所のことを調べてウキウキするのと同様の「事前情報の刷り込み」効果です。

その商品の由来や素材に関する予備知識を少しだけ、体験する前にお客様の頭のなかに入れておくと、満足度が急上昇します。

事前に情報を知っていると、今、体験しているものに満足できる！

7 サービスのすべてをPRしてはいけない

■思いがけないサービスが感動を呼ぶ

「15分までなら無料」の駅前パーキングで、少し時間をオーバーしてしまったが、管理人さんが「3分オーバーだけど、いいよ」と言ってくれてうれしかった。

クリーニング店で、大きい荷物を運びにくそうにしていたら、「大きいものだけ無料で配達しますよ」と言ってくれてうれしかった。

牛乳配達で、ときどきサービス品を入れてくれるのがうれしい。

このように、日常生活のなかのいろいろな場面でちょっとした感動が生み出されています。

しかし、「2～3分のオーバーならサービスします」という看板が出ていたら、「大きい荷物、宅配無料」とチラシに載せていたら、「不定期ですが、サービス品を入れさせてもらいます」と契約時に言われていたとしたら、やっていることは同じでも、感動は起こりません。

つまり、お客様が「期待していなかったこと」が起こるから「感動」が生まれるのです。期待と現実とのギャップが大きいほど感動が生まれ、逆にクレームが起こったりするのです。

■PRすべきサービスとPRしないサービスを分ける

ですから、集客したいがために、お客様がサービスを体験する前に「あんなこともやります」「こんなこともやります」とあまりにもPRしすぎるとお客様の期待値が上昇し、感動は生まれにくくなります。

チラシ上でPRすべきサービスと、実際に現場で「えっ！　そんなことまで…」というサービスを分けるのです。実施しているサービスのすべてをチラシに載せることが、「感動を生む」という視点からは、必ずしもよいこととは言えません。

何を重点的にチラシに載せてお電話をいただき、何をチラシに載せず感動してもらうのか、をトータルで設計することで、お客様の満足度を最大限に高めて、リピート注文やご紹介へと効果的につなげていくことができるのです。

期待＜実際＝感動　期待＞実際＝反感

8 大きなお店に勝つための店舗チェック（その1）

この項と次項では、あなたのお店が大規模店に負けないためにチェックすべき点を挙げておきます。

■営業時間と定休日

いきなり「営業時間の延長をすべきだ」「24時間・年中無休で営業すべきだ」とは言いません。ただ「自分の都合で営業時間・定休日を決める」という発想を捨て、お客様があなたのお店や会社を「利用したい」と思う時間帯や曜日を最優先しているかチェックしてください。

■掃除

建物や設備が古くても、毎日丁寧に掃除。掃除をしていれば、不思議とお客様が集まります。あなたも1人の消費者として、トイレ掃除が行き届いているお店、毎朝スタッフがお店の外を掃除している姿には、好感をもつでしょう。イチロー選手は、自分のバットやグローブを大切にすることでも有名です。子供たちを前にした講演会ではこのように話すそうです。「野球道具を大切に扱ってください。そうすれば、1つひとつのプレイを大切にするようになり、早く上達できます」

■挨拶

店内での挨拶は言うに及びませんので、あえてここでは触れません。地域密着の商売をしていれば、仕事を離れた普段の生活のなかでも、バッタリお客様に会うことがあるはずです。お客様の名前は思い出せなくても、顔さえ覚えていれば、思い切って「こんにちは」と声をかけましょう。この挨拶が、お客様にはとてもうれしいのです。どんな固定客化の販促よりも、効果があること間違いありません。

■店内ディスプレイ

店内の部門表示や商品ＰＯＰは、見やすくつけられていますか。ＰＯＰは「もの言わぬ販売員」です。「商品名と価格」の他に、お客様からその商品に関して質問を受けたときに答えている言葉を、できるだけＰＯＰに書くようにしてください。季節を一歩先取りして、ディスプレイを飾ることも必要です。たとえば、クリスマス向けのディスプレイは、20～30日前の11月末か12月はじめにスタートさせます。

小が大を制するためには、「当たり前以上」のことを行なうべし

▲阪神タイガース優勝前にはこんな売場に！　もちろん関西のお店で！

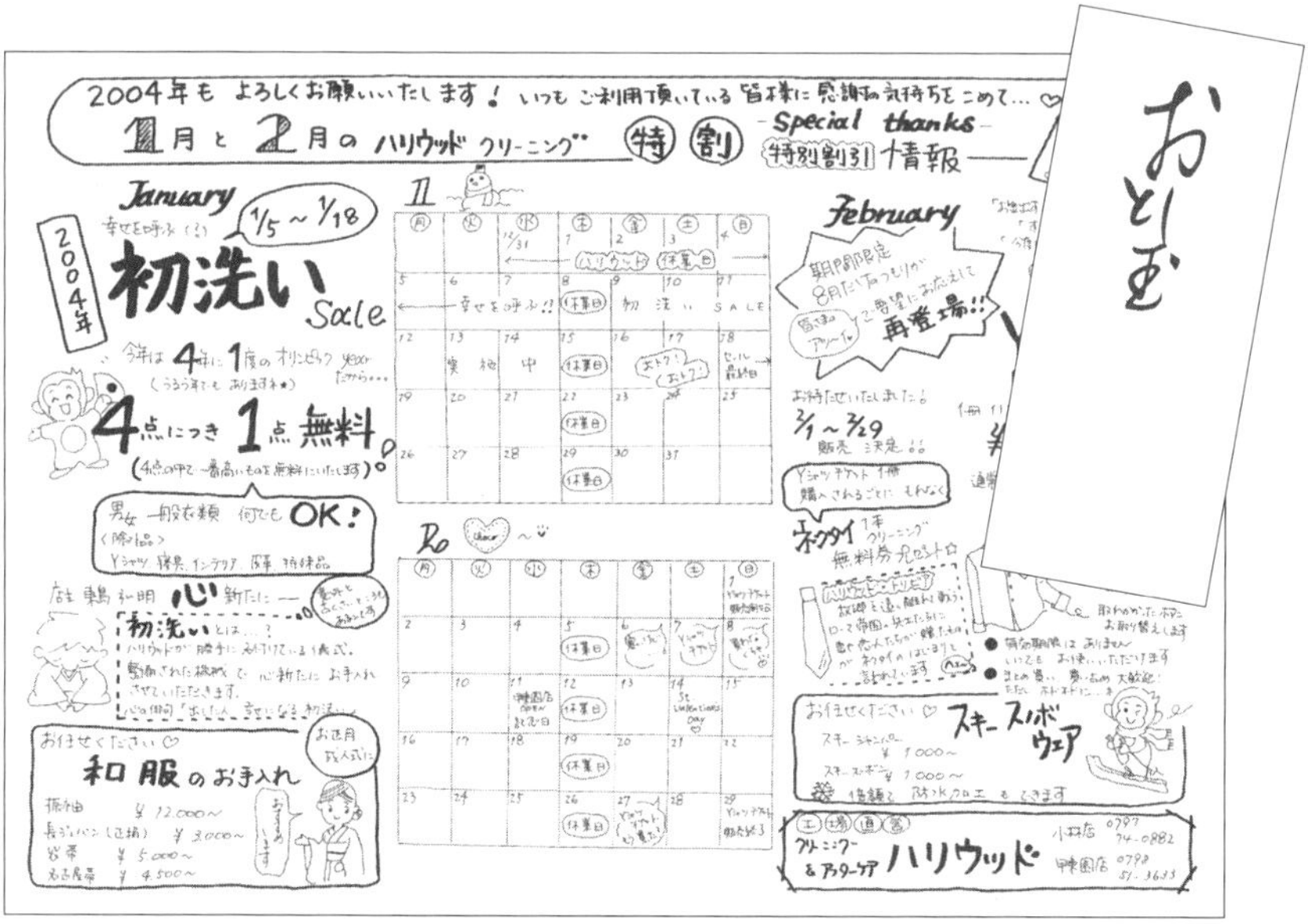

▲年末、お店に行くと、ひと足お先に「お年玉」がもらえるクリーニング店。なかを開くと…1月は「初笑い」ならぬ「初洗い」SALE

9 大きなお店に勝つための店舗チェック（その2）

■商品知識

お客様が、ある商品に関する知識を深めれば深めるほど、その商品の利益率は低くなっていきます。

言い換えれば、店員からあれこれ説明を受けなくても「自分で選べる」商品は、お客様が、少しでも安く便利なところで買うようになるということです。

必然的に、そのような商品は価格競争の対象となり、利益が薄くなっていきます。

ドラッグストアで、美容液を買うとき店員に相談する人はいますが、ティッシュペーパーを買うとき相談する人はほとんどいないはずです。これを裏付けるように、美容液の平均粗利率は20％、ティッシュペーパーは５％です。したがって、一般につぎのような公式が成り立つと考えていいでしょう。

売り手の商品知識量－買い手の商品知識量＝利益率

このため、お客様に追い抜かれないように商品の勉強をすることはもちろんのことですが、それに加えて、小さなお店のスタッフが行なうべき商品知識の習得法があります。それは、「自分でその商品を使ってみる、体験してみる」ということです。

勉強したことを自分が体験してみることで、自信を持って「自分の言葉」でお客様に説明することができるようになります。

■服装

服装はお客様の印象をよくするうえで、非常に大切です。初対面時に相手に与える印象は、外見やしぐさで55％が決まる（メラビアンの法則：話し方で38％、話の内容で７％）と言われています。

たとえ新人の職人さんでも、腰に専門工具を身につけ、年季の入った工具箱を持っていれば、腕が立ちそうだと思ってもらえます。

また、クリーニング店の店員であれば、ピシッとプレスのきいたシャツを着て接客した方が、お客様に好印象を与えられます。

その商売ならではの服装が、専門店としての信頼を高めてくれるのです。

商品知識の高さが、高収益体質を生み出す！

1. お店に「予告編」が流れていますか？
2. 名前を呼ぶと、親近感がグッとアップする
3. 絶対にしてはいけない客単価アップの方法
4. お客様に喜んでもらえる客単価アップ法とは
5. 感動を生み出すサービスを総点検しよう（その１）
6. 感動を生み出すサービスを総点検しよう（その２）
7. 言葉を「固めた」携帯用の行動指針
8. 面倒な仕事が最も支持されている
9. 小さなお店のお客様アンケート
10. アンケート結果を活性化の材料とする
11. 当たり前のことを継続して実行する「凄み」
12. 人間の特性を活かした店舗運営

7章

店舗で既存顧客を飽きさせない方法

1章	90日間で売上を1.5倍にするマーケティング計画を作ろう！

関わり方の具体的事例		お客様	
		新規顧客	既存顧客
自分	商品	2章	3章
	販促	4章	5章
	店舗	6章	7章
	人	8章	9章

資料編	90日間売上アップ行動計画のサンプル

1 お店に「予告編」が流れていますか？

■リピーターを生む「予告編」

お客様が「またこのお店に来てみよう」と思ってくれれば、リピート率（再来店率）が上がり、売上もアップします。

ところで、テレビで帯ドラマを見ていると、本編終了後に必ず「次週の予告」が流れます。本編を見ていた人は次週のダイジェスト版である「予告」を見て、「来週も見なきゃ」と思って1週間待つのです。もしドラマの最後に「予告編」がなかったとしたらどうでしょうか。

あなたのお店にも、お客様が「また来たい」と思える「予告編」があるでしょうか。つまり、次回来店時には「こんなお得なことがありますよ、こんな楽しいことをやっていますよ」ということを、伝えることができているでしょうか。

■予告編の作り方

まず告知方法は、店内のポスターやミニチラシ、手配りビラが最適です。そして、お客様の来店頻度に合わせたスパンで作成します。たとえば、1ヶ月に1回くらいの頻度での来店が見込めるのであれば、年間12回の予告編が必要になります。

「予告編」の作成法として、普段からよく買っていただいている商品をただ値引きすることは避けます。①季節商品（その季節になるとよく売れる商品）の訴求、②提案商品・新商品（今後力を入れて売ってゆきたいお勧め商品）の訴求、③トッピング・セット商品（定番商品の料金にプラスアルファ料金で付加価値をつけることのできる商品）の訴求、④イベント告知（お祭り的な催し物をお知らせする。昨年実施したときの写真なども載せると雰囲気がよく伝わる）など、価格以外でお客様に来ていただく工夫をします。

そして、「○月は、こんなことやっていますから、ぜひお越しくださいね」レジで一声かけつつ、ポスターやビラを示します。

このように、お買い上げいただいたお客様にその場で次回来店時の「お楽しみ」を予告することで、リピート率が高まるのです。

●鮮魚店の「号外セール」(月1回開催)

12月のセールは、11月より店内で告知しています。年末向けの季節商品・提案商品・トッピング&セット商品をバランスよくPRしています。

●クリーニング店の「季節限定キャンペーン」(2ヶ月に1回開催)

7~8月にお勧めの季節商品・提案商品の告知を5~6月に実施しています。商品に関する深い情報・サービスを提供しています。

2 名前を呼ぶと、親近感がグッとアップする

■名前を呼ばれることは気分がいいもの

「もしもし、中西です」と電話をかけると、「こんにちは、中西さん！」と、真っ先に私の名前を口にして、電話に出てくれる方がいらっしゃいます。

まるで私からの電話を待っていてくれたかのような錯覚にとらわれ、何だかいい気分になります。私のことを大切にしてくれているようで、うれしくなります。これは、体験してみればわかる心地のよさです。

経営セミナーに参加されたことのある方と、駅で待ち合わせをしたときの出来事です。

人通りがかなり多い、その駅前を「歓迎　中西正人様」という大きなシールを貼った車がこちらへ向かってくるではありませんか。そのまま駅前ロータリーを一周してから、悠然と私の目の前に停車。まだ一度しか会ったことがない方でしたが、これで一気に親しくなりました。体験してみればわかる、恥ずかしさとうれしさです。

■ちょっとした気づかいが感じられる場面

その他にも、名前を呼ばれたり書かれたりすると、うれしくなることが数多くあります。

地方の酒蔵から来る通販ＤＭにひと言、「中西さん、出張で近くにお越しの際には、ぜひ寄ってください」と手書きで書いてありました。初回の電話注文時、受付スタッフに「出張でその地方に行くことがある」と話したことを覚えてくれていたのです。

ホテルのフロントに電話すると、第一声が「はい、中西様、ご用でしょうか？」。氷が欲しい旨を伝えると「それでは、中西様のお部屋へお持ちいたします」とそのたびに私の名前を呼んでくれます。

写真館に行くと、入口のウェルカムボードに「中西様、ようこそ」とメッセージが書かれていました。

名前はこの世に１つのものであり、長年にわたりその人が呼ばれ続けてきたのですから、まさにオンリーワンのものといえるでしょう。

このように名前を呼びかけることで、あなたに対する親近感がグッとアップするのです。

その人のオンリーワンである「名前」を呼びかけよう！

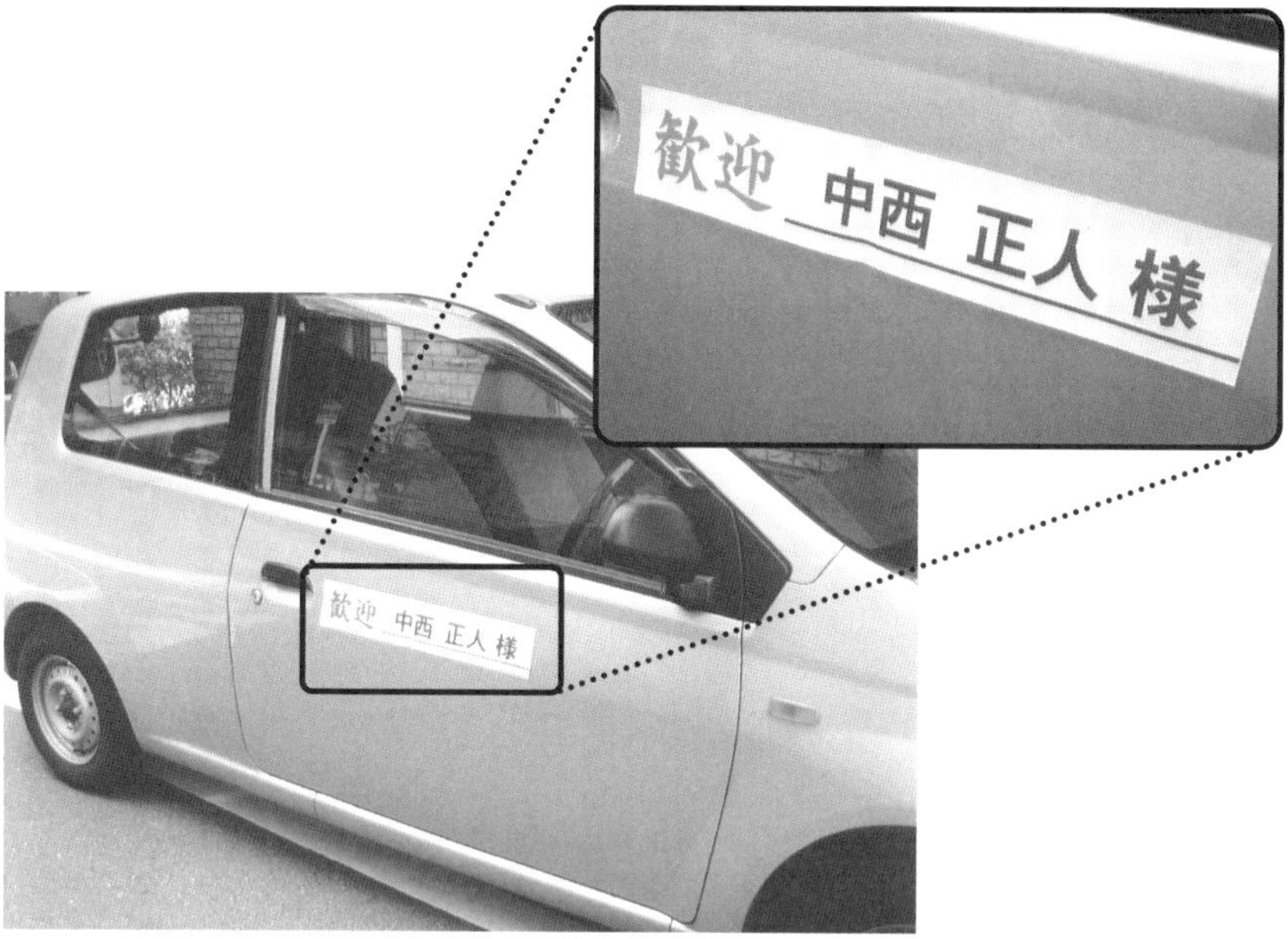

▲これで駅前のロータリーに迎えに来られると、さすがに恥ずかしい…。しかし、一生記憶に残る出来事になった。

◀約束を入れてから、来社される方のために、名前入りのメッセージカードを準備して、ワンちゃんに持たせておく…。
お客様が席に着いて、手元を見ると…思わずニヤリ…。
商談もスムーズに進みます。

3 絶対にしてはいけない客単価アップの方法

■強引な商法は客数を減らし、売上も減らす

短期的な売上を求めて、安易に客単価アップに走ることは非常に危険です。

客単価を上げようとすることで一時的に売上は上がるのですが、その後、客数が一気に下がり始め、売上も下がっていきます。下がり始めのタイミングには、「お客様の利用頻度に応じて、客数が下がり始める」という業種を超えた法則があります。つまり、お客様の平均利用頻度が、1ヶ月に1回くらいの商売なら、1~2ヶ月後くらいから、3ヶ月に1回くらいの商売なら、4~5ヶ月後くらいから、客数が下がり始めます。

車、住宅、仏壇など、利用頻度が比較的低い業界でも、同様に、年単位で客数が下がり始めます。そうなると、会社の存亡にかかわる重大問題になります。ただ、販売時点で強引に単価アップしたとしても、アフタフォローのコミュニケーションを徹底すれば、何とか挽回は可能です。これらの業界では、そこに力を入れれば致命的な客数の減少は防ぐことができます。

■好ましくない客単価アップの方法

「この客から金をとってやろう」という意図が見え見えの「提案販売」ほど、不快なものはありません。

・スーツを買って会計をすませようとすると、おもむろにそのスーツを台の上に広げ、頼んでもいないのにシャツやネクタイを持ってくる。そして「この襟元のラインには、ボタンダウンのシャツがよく合いますよ。このネクタイを合わせると、ほら、スマートな感じになります」などと、延々と話を聞かされるケース

・美容室で、さんざん髪質の問題点を指摘されたあげく、トリートメントやカラーリングをトッピングされたケース

このように、「あのお店に行って、売りつけられた」とお客様が感じる接客をした瞬間から、客足は遠のき始めます。その他にも、低単価・高頻度品（販売個数の多い商品）を値上げすること、根拠のない値上げをすることも、客数ダウンにつながるやってはならない客単価アップの方法です。

センスないな～!!
だから
このネクタイには
こっちのスーツ
じゃないと!!
二度と
来ません!!

4 お客様に喜んでもらえる客単価アップ法とは

■お客様のメリットを第一に考える

では、客単価アップはどのようにすれば、うまくいくのでしょうか?

それは、①スタッフ自身が「本当にお客様のメリットになる」と思える商品を、②新入社員でも言えるシンプルな言葉で、③ご来店されたお客様全員に声をかけ、お勧めすることです。お客様に喜んでいただき、なおかつ単価を上げるためには、この3条件を満たす接客の約束事を決めることが必要です。

ファミリーレストランで定食を注文すると、最後に「ドリンクバーをお付けしますか?」と聞かれます。これで１００～２００円の単価アップです。このひと言が、客単価アップの3条件に当てはまる接客の代表例です。

この接客方法をモデルに、客数を減らすことのない単価アップ法を考えましょう。

■お客様に喜ばれる単価アップ事例

・**ビジネスホテルのケース**……電話予約時に、「通常タイプのお部屋の他に、マッサージチェア付きの８０００円のお部屋もご用意できますが、どちらにされますか?」。チェックイン時に、「朝食バイキング８００円をご予約されますか?」。チェックアウト時に、「今、次回お泊りのご予約をいただければ、ポイントが2倍になりますが……」

・**カラオケボックスのケース**……終了5分前を告げ「はい、もう終了します」と言われたら、「今なら、30%ＯＦＦであと30分延長できます。1時間延長ならさらにデザートをサービスします。いかがされますか?」

・**家電店のケース**……パソコンを買ったお客様に、「パソコンご購入の方への特別キャンペーンがあります。今、プリンタを一緒に買われると10%ＯＦＦになります」

提案販売や値上げによる単価アップは、スタッフによほどの魅力と信用がない限り、短期的なもので終わってしまいます。個人の能力だけに頼らず、誰でも、無理なく、お客様に喜ばれる「単価アップ・接客システム」を導入して、販売力強化のきっかけとしてください。

客単価アップの3条件　～誰でも、無理なく、お客様に喜ばれる～

5 感動を生み出すサービスを総点検しよう（その1）

■感動は設計できる

「えっ！　そんなことまでしてくれるの？」とお客様が感動するサービスも、ある程度、取り組み事項を決めれば、誰でも実行することができます。

本当は、スタッフ1人ひとりが気を利かせて、臨機応変に対応し、お客様に感動していただけることが一番の理想なのですが、そのようなスタッフを育成するのには、相当の時間がかかります。

まずは「お客様が、私たちのお店や会社を利用して、必ず感動できること」というテーマのもと、1つだけやることを決めて実行することが大切です。その行動が強いスタッフを育て、サービス精神旺盛な社風を作り上げていくのです。以下に、その事例を挙げてみました。

■お出迎えサービス・お見送りサービス

・来店されたお客様を見たら、さっとドアを開けて「いらっしゃいませ！」
・名前を覚えていたら「○○様、こんにちは」
・お帰りの際には、ドアまでお見送りして「ありがとうございました」
・駐車場まで出て、車の誘導を行なう

■お試し体験サービス（試着・試食・試聴など）

・新商品やワングレード上の商品は、積極的に（もちろん無料で）「どうぞ、お試しくださいませ」
・「シェフの○○が試作したメニューには載っていないお料理です。どうぞご賞味くださいませ」とテーブルまで、切り分けた料理をお持ちする
・「本日はデラックスのお部屋が空いておりますので、特別にそちらをご用意いたしました」とワングレード上のサービスを無料で体験してもらう

■お届け・出張・お伺いサービス

・重い荷物は、自宅まで無料でお届けする
・お店になかった取り寄せ品は、自宅へ直送する
・商品に対するクレームには至っていない「お問い合わせ」にも、「すぐにお宅までお伺いいたします！」
・年に1回、社長自ら上得意様へ手土産を持って、挨拶回りをする

会社として「お客様に感動を与える」取り組み事項を決める

6 感動を生み出すサービスを総点検しよう（その2）

■スピード

スピードが感動を生むのは、お客様は、買うと決めて「注文した瞬間」や「依頼した瞬間」が最も気持ちが高まっているからです。

時間がたてばたつほど、高まっていた気持ちは冷めていき、最悪の場合「この商品、買ってよかったのかなぁ」という迷いが出ることもあります。

ですから、「買う」と決めてから、できるだけ早いうちに「あなたはここで買ってよかったのですよ」ということをお知らせすることが大切なのです。たとえば、つぎのようなことは、誰にとってもうれしいものです。

・名刺交換をしたら、すぐその日のうちに「お礼のメール」が入っている
・自動車修理に必要な部品が、その日のうちに届く
・通信販売の注文をした翌日には商品が届く
・工務店の得意先への支払いが現金払い
・紳士服店の裾直しが10分でできる
・会計事務所から、月次決算の報告が5日後に届く

■その他

・返品返金は、どんな理由があっても受け付ける
・店にない品物は、どんなものでも取り寄せる
・自分の技術をお客様にすべて公開してしまう「教室」を開く
・ちょっと「多め・少なめ」「かため・やわらかめ」などのリクエストにお応えする
・男性客には女性スタッフが接客、女性客には男性スタッフが接客する
・少しくらいなら、有効期間を過ぎていてもサービスする（割引券や保証期間など）
・お買い上げ商品を、レジ越しではなくお客様のところまで行って手渡しする　など

お客様は、当たり前のことや、誰でも知っていることにはお金を払いません。

「こんなこと、業界では聞いたことないよ」というサービスを先駆けて実行してこそ、その新鮮さにお客様が感動し、リピーターとなってくれるのです。

「当たり前のこと」には、お客様はお金を払ってくれない

7 言葉を「固めた」携帯用の行動指針

■「伝言ゲーム」では、大切なことは伝わらない

人が10人、横一列に並んでいます。そして、コップいっぱいの水があります。

このコップのなかの水だけを、容器を使わず、量を減らさず、左端の人から右端の人まで10人の手を経て移動させてください。「水の伝言ゲーム」です。

水を両手で受けながら、1人、2人と順番に回していったら、最後の人にたどりつくころには、水はこぼれてほとんどなくなっていることでしょう。

どうすれば、最後の人まで、容器を使わず、量を減らさず、10人の手を経て回せるのか。答えは「水を凍らせて氷にして回すこと」です。水を固めて氷にすれば、容量はそのままで10人の手を経て回すことができます。

言葉は水と同じです。あなたの言いたいこと、伝えたいことは、スタッフ全員に１００％は伝わらないのです。人から人へ伝言ゲームのように伝えていくと、途中で本当に伝えたかったことが、ポロポロと抜け落ちてしまいます。

多くの人に言いたいことを伝えるためには、水を固めて氷にするのと同様、言葉を固めて文章にすればよいのです。

そして、その文章をことあるごとに「解凍」すること、つまり読むことによって、あなたが伝えたかったことが、いつでも１００％正確に伝わります。

■あなたのお店の理念を携帯させる

まず、スタッフにわかりやすい言葉で、目的を達成するためにこれだけはやろう、という内容を書きます。

そして、①誰にでもできること、②毎日・毎週できること、③実行したか・していないかがはっきりわかること、という３つの条件に当てはまる具体的内容にします。

ここで大切なことは、年に1度、読むか読まないかの経営計画書や方針発表書のような分厚いものではなく、いつでも持ち歩ける携帯用にすることです。

スタッフ全員がこれを携帯し、ことあるごとに読み返すことで、理念の徹底が図れるのです。

言葉は水。氷にすれば容量はそのまま！　言葉を固めよう！

●広告代理店スタッフの携帯用行動指針

折りたたんで
胸のポケットに
しまえるサイズ。

内容は、誰でも理
解できるわかりや
すい言葉で書かれ
ています。

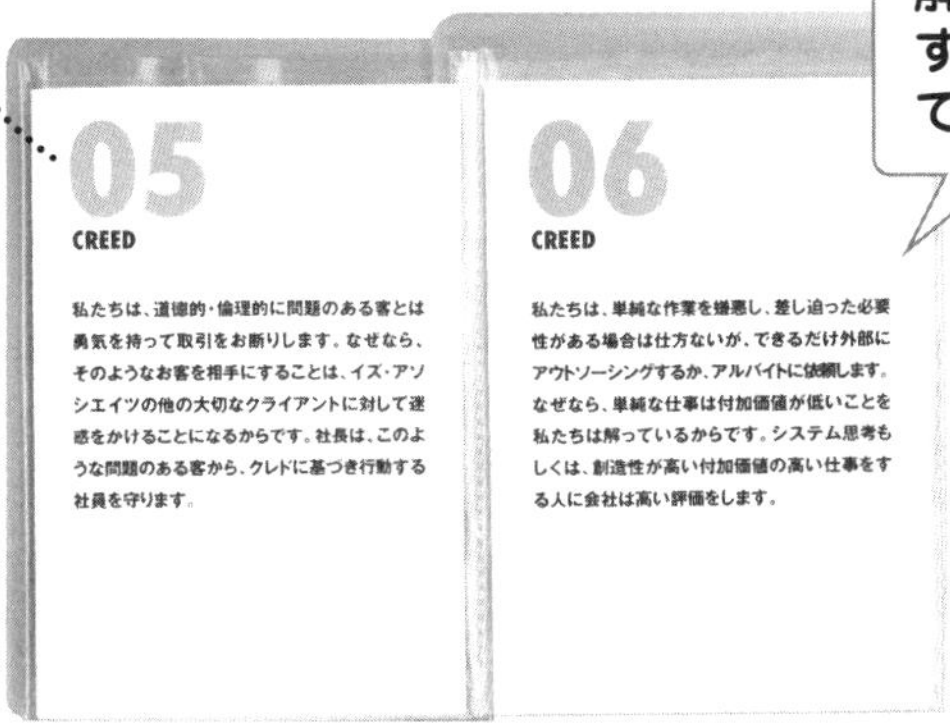

8 面倒な仕事が最も支持されている

■迷ったら面倒な仕事を強化する

経営には、迷いは付きものです。ときに、何に力を入れて実行すればお客様の支持を得られるのか、売上が上がるのか、を見失ってしまうことがあります。

そのようなとき、「現在の仕事のなかで、最も面倒な仕事は何か」と、自問自答してみてください。その答えこそが、最も強化すべきポイントです。スタッフ全員にそのことを理解してもらい、一丸となって取り組めばよいのです。

一般に、お客様にとって便利なことは売り手にとっては非効率なことで、お客様にとって不便なことは売り手にとっては効率的なことといえます。長い間、商売を続けていると、いつの間にか自分にとって「効率的な方法」を求めるようになり、その結果、少しずつお客様が離れてしまい、売上が落ちてしまうのです。

■お客様にどんなメリットがあるか想像しよう

つぎのように、あらゆる業種・業態に「面倒だ」と感じる仕事が存在します。なお、カッコ内はお客様の立場からのメリットです。

・書店のスタッフ……品出し作業（常に売場に鮮度の高い商品が並んでいる）
・飲食店の料理長……新メニューの開発（飽きることなく、美味しいものが食べられる）
・飲食店のホールスタッフ……後片付けの掃除（清潔なお店で食べられる）
・運送会社の宅配スタッフ……エレベーターのないマンションの不在者宅への配達（電話１本で、玄関先まで届けてくれる）
・園芸店のスタッフ……草抜き作業（元気のよい草花が迎えてくれる）
・食品メーカーの所長……新規顧客の開拓（新しい情報や商品を得ることができる）

「自分が一番面倒だと思っている仕事が、実は、お客様に最も支持されている仕事であり、売上につながっている」という原則は、頭の片隅に置いてください。これが、仕事を進めていくうえでの「芯」となります。

頭の片隅にいつもこの言葉「面倒な仕事が支持されている」

9 小さなお店のお客様アンケート

■アンケートをやるだけでは売上は伸びない

お客様アンケートは、顧客満足度を図るために有効な手段の1つです。

勘違いしてはならないことは、アンケートは満足度を図るための「手段」であり、それを実施しただけでは、満足度は上がらないということです。その結果から「どう行動したのか」が、顧客満足度の向上につながるのです。また、アンケートの回収率の良否も、顧客満足度に比例しているわけではありません。

中小のお店がアンケートを実施することや回収率を上げることだけにとらわれ、大手のチェーン店が実施している○×式や点数式の「記入しやすい」アンケートを真似しても、果たしてそれが役立つのでしょうか。

■お客様の生の声を経営に活かす

大手は、比較対照する店舗数や取り組み事項が多いため、一定の指標で評価したり、売上との相関関係を継続的に調べたりすることができます。しかし、中小の会社やお店が大切にすべきは、○×や点数の評価よりも「お客様の生の声」です。その内容を具体的な取り組み事項として活かせるかどうかだけがポイントなのです。

私がお勧めするアンケートは、お客様に自由に意見を書いてもらえるスペースとして、紙面の半分程度確保しているものです。

■必ず返事を出すこと

回収率は下がるかもしれませんが、その内容をよく検討して経営に活かし、そして、書いていただいたお客様には、手書きで責任者自ら返事を出します。これこそが小さなお店が目指すべき「お客様アンケート」の本来の姿です。

「アンケートの回答が届くたび、どんなクレームがあるのかと、ドキドキしていました」というある社長は、お客様からのご意見すべてに対して返事を書いています。クレームめいたことを書いていたお客様のほとんどが、継続してお店を利用してくれます。また、それまで迷っていた日曜営業も、お客様の声に後押しされて実施に踏み切り、売上を伸ばし続けています。

「お客様の生の声」が、会社を変える！

●お客様アンケートの例

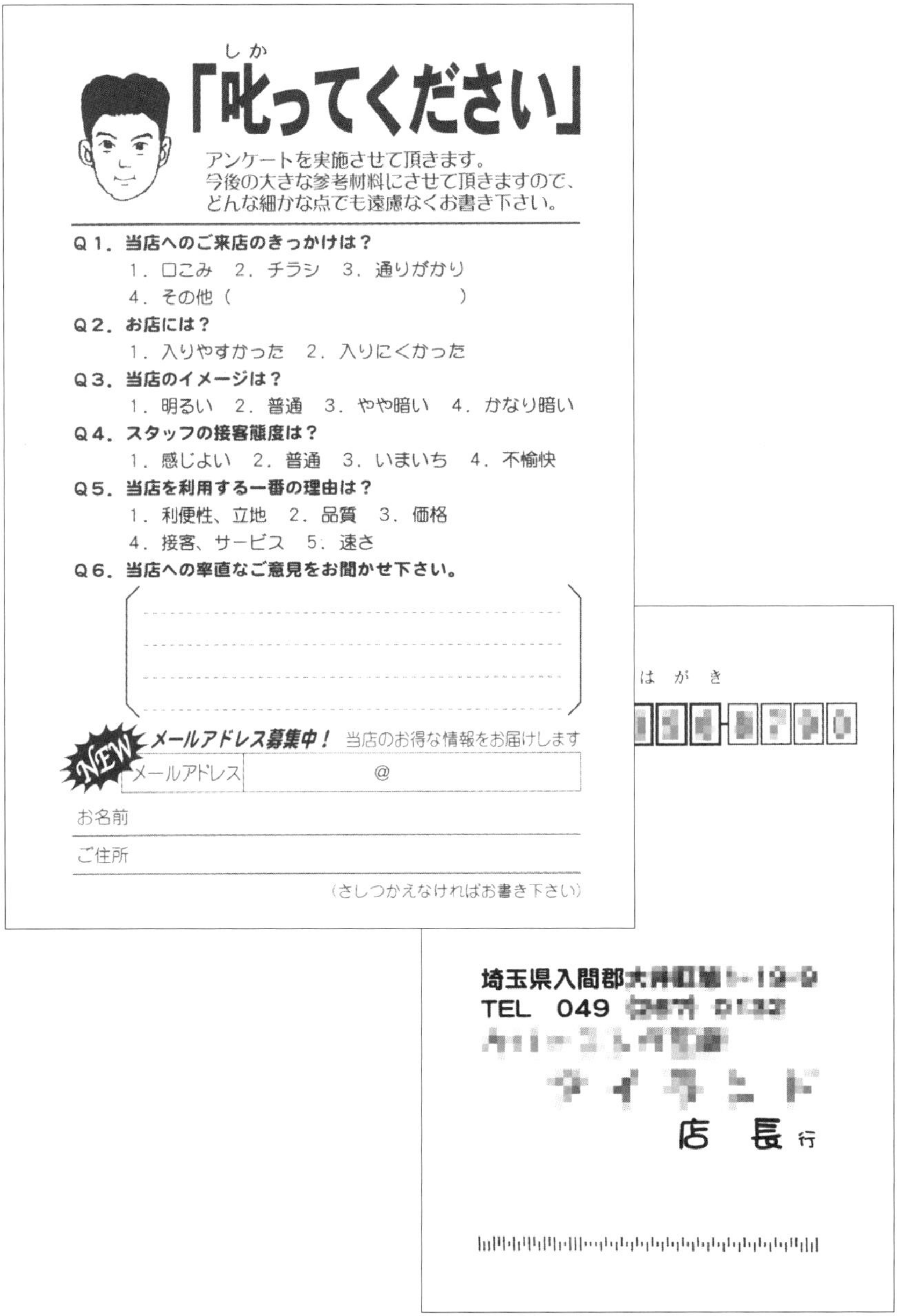

「叱《しか》ってください」

アンケートを実施させて頂きます。
今後の大きな参考材料にさせて頂きますので、
どんな細かな点でも遠慮なくお書き下さい。

Q１．当店へのご来店のきっかけは？
　１．口こみ　２．チラシ　３．通りがかり
　４．その他（　　　　　　　　　　）

Q２．お店には？
　１．入りやすかった　２．入りにくかった

Q３．当店のイメージは？
　１．明るい　２．普通　３．やや暗い　４．かなり暗い

Q４．スタッフの接客態度は？
　１．感じよい　２．普通　３．いまいち　４．不愉快

Q５．当店を利用する一番の理由は？
　１．利便性、立地　２．品質　３．価格
　４．接客、サービス　5：速さ

Q６．当店への率直なご意見をお聞かせ下さい。

NEW メールアドレス募集中！　当店のお得な情報をお届けします

メールアドレス	@

お名前

ご住所

（さしつかえなければお書き下さい）

はがき

[redacted]

埼玉県入間郡[redacted]
TEL　049　[redacted]
[redacted]
店　長　行

10 アンケート結果を活性化の材料とする

■具体的な個別対応でファンを増やす

福岡県のビジネスホテルに宿泊した際、私が少し勘違いしていたことがあり、アンケートにそのことを書きました。１週間ほどすると、自宅に支配人から直筆の手紙が届いていました。

そこまでしてくれると思っていなかった私は、感動しました。もちろんそれ以降、その地に出張する際には、そのホテルを利用し続けています。アンケートを実施するだけで終わらせず、その後、個別に具体的な対応をしたため、このホテルはファンを１人増やしたのです。

■社内活性化にアンケートを利用する

ここで、アンケートを利用して社内を活性化する方法をご紹介します。

「私どもにとりまして、お客様からの言葉ほど励みになるものはありません。そこで、スタッフのなかで、お客様の心に残る接客・サービスをした者がおりましたら、社長の私までその具体的な言動とともにお知らせくださいませ」と、アンケートの冒頭に挨拶文を入れます。

当然、「お宅のスタッフがこんなことをしてくれてうれしかったよ」という「よい意見」が集まり始めます。

それを、社内メール・休憩スペースへの掲示・社内報などを使って社内に公開すると、自社のスタッフが行なったすばらしい応対が、お客様の生の声とともに事例として蓄積されていきます。

スタッフは「ああ、こんなことをすればお客様が喜んでくれるんだ」と実感できます。「お客様に喜んでいただくためには、どんなことをすればいいのだろう」ということを考える、みずから動く集団に変わっていくのです。逆に、不満の声・お叱りの声を受け付けるアンケートを実施すれば、スタッフは、当たりさわりのない無難な言動、平均点の行動をするようになります。

このようなアンケートは時と場合により、使い分けが必要です。業績のよいときには、勝って兜の緒を締めるための「お叱りアンケート」を、業績の悪いときには、自らを奮い立たせるための「感動アンケート」を実施してみてはいかがでしょうか。

お叱りアンケートと感動アンケートを使い分ける

●私の机の上

決して業績が悪いわけではありませんが…チームのメンバーがクライアント先からいただいた「おほめの言葉」を貼り出しています。見るたびにうれしく、「自分も頑張ろう！」という気持ちになります。

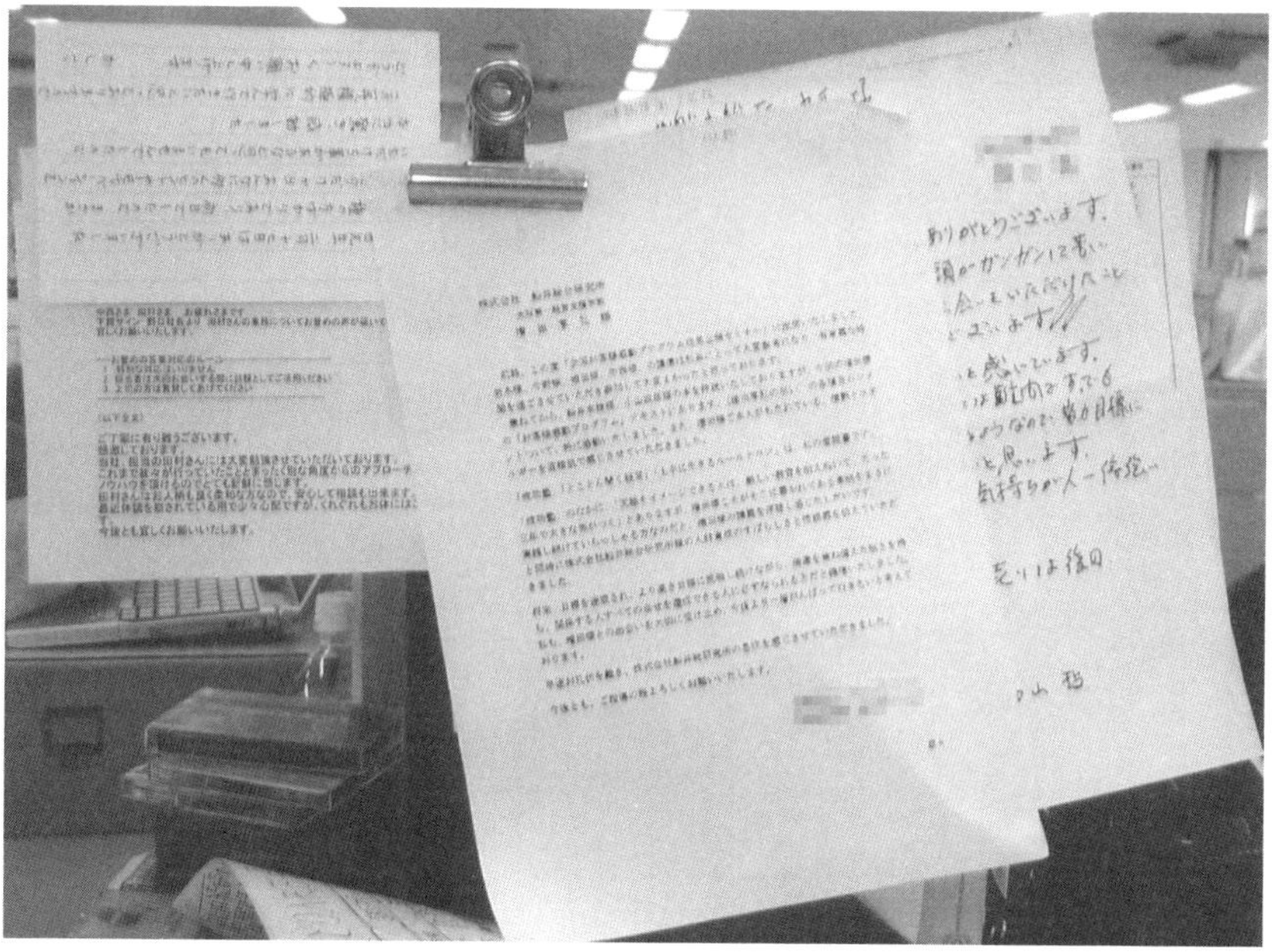

11 当たり前のことを継続して実行する「凄み」

ここでご紹介することは、多くの人がよいことだとわかっていることですが、「言うは易し」で、継続してきちんと実行することはなかなか大変です。しかし、このようなことを、きっちりと確実に実行しているお店や会社こそが、強いお店・強い会社となりえるのです。

■在庫の棚卸し

あるフランチャイズチェーンへの経営支援を行なっていたときのことです。

本部に月々上がってくる加盟店全店の業績データをチェックしていると、興味深い事実が読み取れました。基本的にどの店舗も取扱商品や売場作りは同じであるにもかかわらず、毎月最高の粗利率を維持し続けている加盟店があるのです。最低粗利率店舗との差は、平均で５％～６％にもなります。そこで、そのオーナーに話を聞いたところ、理由はきわめて簡単なものでした。

３日に１度という高頻度の「棚卸し」が、儲かる体質を生み出したのです。棚卸しによって、①売れ筋商品がいち早くつかめる、②売場の陳列の乱れを直すことができる、③万引きを防止することができる、④欠品による販売機会の喪失を未然に防ぐことができるなどのメリットがあるとそのオーナーは言っています。

■お礼状

来店されたすべてのお客様に手書きでお礼状を書いているのは、ハウスメーカー営業マンのＡ氏です。すべてのお客様に、その日のうちに書いています。これが奏功して、厳しい見積り競争のなか、Ａ氏の成約率は常に50%以上をキープしています。

■施工現場の近隣への手渡しチラシ

内装リフォーム会社のＢ氏は、施工現場周辺への挨拶回りを欠かしません。「施工中は、近くに車を止めさせていただくことがありますので、もしご迷惑になるようでしたらこちらのほうへお電話ください」とソフトに挨拶しながら、名刺と最新のチラシをお渡ししています。

年間に約３００件の現場をこなし、留守宅も含め約２０００枚の「挨拶付き・手渡しチラシ」で、年間50件以上の注文を獲得しています。

月並みな言葉ながら…継続は力なり！

12 人間の特性を活かした店舗運営

■人間性重視の経営

船井流経営法に「物事は一から十まで1人が一貫してかかわり、行なうのが、最も効率的である」という原則があります。

船井総研の創業者・船井幸雄は、人間性重視、つまり人間本来の長所を活かした経営を早くから提唱しています。

「機械ができないことだけを人間がやる」という作業の枠組みだけを作り、そこで働く人は、決められた作業を効率よく行なうだけ（余計なことはしなくてよい、平均点の人間がいればよい）というチェーンオペレーションの仕組みとは対極の考え方です。

たとえば、小売店の顧問先に対しては、「仕入れた者が売り、そしてお客様へのアフターフォローも行なう」という体制を作るようアドバイスをしています。

また、船井総研自体も、商品（＝コンサルティングのテーマ）は自分が調査し、作り出し（＝企画）、契約希望先と商談し（＝販売）、実際のコンサルティング業務を行なう（＝サービスの提供）ということを、1人の人間が一貫して行なう形となっているのです。

一般的なコンサルティング会社は、商品は会社の企画部が決め、契約先は若手社員が営業を行なって探し、実際のコンサルティングはベテラン社員が行なうという形をとっていることが多いのです。

■最初から最後までかかわることが人を育てる

1人の人間が、物事を最初から最後まで完成させる、あるいは、その過程にかかわっていくことで、仕事にやりがいを感じ、経営感覚を持ったスタッフが育ってゆきます。

組織が大きくなると分業制を取り入れざるを得なくなりますが、そうなっても、ローテーション制度や研修制度により、最初の工程から最後の工程までの現場を全員が経験することをお勧めしています。

お客様の気持ちがわかる生産スタッフがモノを作り、モノ作りの苦労がわかる販売スタッフがお客様に売る。これが、よい商品作りの基本中の基本なのです。

最初から最後まで一貫してかかわることが人を育てる

8章

人で新規顧客を呼び込む方法

1章	90日間で売上を1.5倍にするマーケティング計画を作ろう！

関わり方の具体的事例		お客様	
		新規顧客	既存顧客
自分	商品	2章	3章
	販促	4章	5章
	店舗	6章	7章
	人	8章	9章

資料編	90日間売上アップ行動計画のサンプル

1 「やり方」より先に「あり方」を教える

■新人には「あり方」を語り続けよ

あなたは新人スタッフが入ってきたとき、最初に何を教えていますか?

お客様のためにバリバリ働く優秀なスタッフを育てるたいのであれば、入社してすぐ、データ入力の方法、挨拶の仕方、名刺の渡し方、レジ操作の方法、掃除の仕方といった仕事の「やり方」を教えてはいけません。

あなたのもとで働くスタッフとしての「あり方」や働くことの目的を、最初に教えなければならないのです。

なぜこの仕事をしているのか? 仕事の意義や目的は? 仕事をしていて楽しいことは? 感激したことは? 挫折を味わったことは?……。

このようなことを先輩スタッフが語る機会を早い段階で設け、現場でも意図的に語り続けることが必要です。

飲食チェーンのあるエリアで、新人スタッフが短期間で辞めていく、お客様からのクレームが多い、売上が伸び悩んでいる、といった問題点が続出していました。ところが別のエリアでは、一切そのような問題点はありませんでした。教育責任者を集めて会議を開催したところ、教育の方法に前述のような違いがあったのです。

■目的なしに「腕立て100回」はできない

最初に「やり方」から教えられたスタッフは、仕事がきついとすぐに辞めてしまいます。辞めないスタッフは自分の作業効率を優先し、お客様のことは二の次という発想で店に立っているのですから、売上は下がります。

高校球児は、活躍する先輩たちの姿を見て「自分もこうなりたい」と思うからこそ、苦しい練習に耐えることができるのです。「腕立て伏せ100回」という練習は、試合でボールをより遠くへ飛ばすことのできる筋力をつけるためにやっているのです。

それぞれの業務は何のためにしているのでしょうか。あなたは目的も知らせずに、新人に「腕立て100回」を強いていないでしょうか。

個別業務の「やり方」よりも、まず、新人が「こうなりたい」と思える「あり方」を教えれば、おのずから苦しい仕事に耐えられる人材が育つはずです。

新人スタッフには「自分もこうなりたい」と思える先輩の姿を見せる

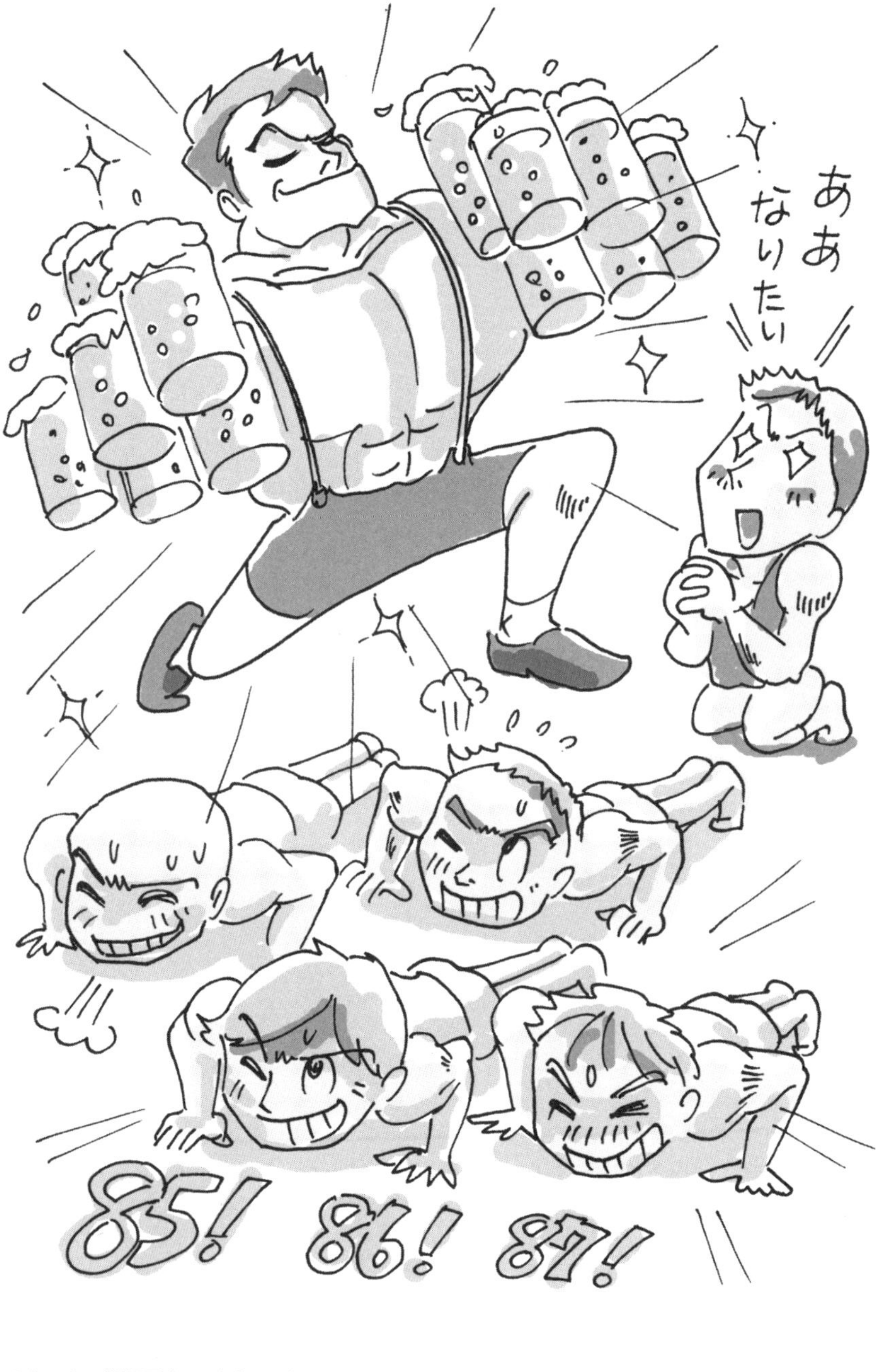
ああなりたい
85! 86! 87!

2 100の言葉よりも1つの出来事が人を動かす

■「正しくない事件」はなぜ起きるのか

ある会社では、社員教育に大変力を入れていました。特に「人としての正しい生き方」については、会議・朝礼、研修などで、社長自ら熱心に語っていました。

にもかかわらず、実際のところ、社内では「正しくない事件」がたくさん起こっています。

・Ａ君は、通常、退職の１ヶ月前に意思を伝えなければならないところ、ボーナスが支給されたその日に、「明日で辞めさせていただきます」と伝えてきた

・Ｂ君は、外回りの最中、届出をせず、私用で医者へ行ったり買い物をしたりしていたことが発覚した

■リーダーの行動がスタッフに与える影響は大きい

社員教育に力を入れてきたこの会社で、なぜこのような事件が起こってしまったのでしょうか。原因は、Ａ君やＢ君の人間性の問題だけなのでしょうか。

実は、Ａ君の場合、数年前、仲のよかった同僚のＣ君が年末で退職する際、ルール通り１ヶ月前に意思を伝えたことが原因でした。

Ｃ君は、何の説明もないまま、ボーナスを大幅に減額されていたのです。その経験から、Ａ君は「自分も１ヶ月前に辞意を伝えると、もらえるはずのボーナスが大幅にカットされてしまう」と思って、そのような行動をとったというのです。

Ｂ君は、社長が就業時間中に、趣味である釣りの道具の手入れをしたり雑誌を読んでいるのを、何度も社内で目撃したことがありました。

それを見て「社長でさえああなのだから、少しくらいなら、自分も私用に時間を使っても構わないだろう」と思うようになってきたというわけです。

スタッフの行動基準は、「こうあるべきだ」という１００の言葉よりも、実際に身の回りで起こった１つの出来事に影響されるということを、上に立つリーダーは胸に刻むべきなのです。

日々の仕事のなかでの、社長やリーダー自身の１つひとつの行動こそが、最も効果のある社員教育となるのです。

社長やリーダーの正しい行動そのものが教育になる

3 組織とリーダーは相似形である

■組織の問題点は経営者に起因する

支援先で、業績向上のための打ち合わせをしますと、「人」に関するさまざまな悩みや不満が、必ずと言っていいほど出てきます。

このような「人」に関するご相談を受けたときは、私は、「組織（スタッフ）とリーダー（経営者）は、相似形です。私たちの提供するノウハウを実行しただけでは、組織を根本的に変えることはできません。人の問題点・組織の問題点は、すべてあなた自身に起因しています」とお伝えしています。つまり、会社や組織の体質はリーダーの性格そのものである、とお話しするのです。

■まず、社長みずからの行動を自省すべき

ある広告代理店の社長から、「ウチの会社は納期遅れが頻繁に起こって困ります。何とかこれをなくすための方法を考えたい。部長に喝を入れてください」という相談をもちかけられました。

もちろん、受注から納品までのスケジュール管理のご提案や帳票類の整備を行ないましたが、同時に次のようなアドバイスをしました。

「社長は、月に1度の訪問日の、私との待ち合わせ時間にしばしば遅れて来られます。また『〇日までに送ります』と言われた資料が、期日を過ぎても届かないということもよくあります。社長のこのような普段の性格や行動が、根本的には〝納期にルーズ〟という会社の体質を生み出しているのではないでしょうか。社長も普段から『約束は必ず守る』ことを心がけてください」

似たようなケースは、数多くあります。奥様と不仲なリーダーは従業員を理解しコントロールすることができていない、営業マンに「もっと店舗を訪問しろ。現場へ行け」と訓示をしているリーダー自身が会社にいる時間が多い、などです。

組織の性格は、リーダーの性格そのものなのです。あなたの組織の、最も改善したい弱点を挙げてみてください。それはあなた自身の弱点ではありませんか。

自分以外を何とかしようとする前に、まず自分のあり方を変えることが必要です。

組織の性格は、リーダーの性格そのものである！

4 優秀なスタッフを採るための採用広告

■魅力的な求人広告で人を集める

人を募集してもスタッフが集まらない理由は、「自社の条件面（給料・休日・待遇など）が他と比べて劣っているからだ」と思っていませんか？

求人情報誌には、そうそうたる大手の会社も広告を出していますので、彼らの採用条件と比較してしまうのも無理もありません。この部分で競争しても勝てません。

そして採用広告は、面接に来てもらえる人の数を増やすための手段にすぎません。はじめから、その広告で「ズバリよい人を採ろう」とは思わないことです。

3人面接に来た人のなかから1人を選ぶよりも、10人面接に来た人のなかから1人を選ぶ方が、優秀な人にめぐりあえるチャンスが大きく、こちらの意思も伝えやすいのです。ですから、なるべく多くの人が応募するような広告にすることが肝心です。

現在の採用条件のままで、優秀なスタッフを集めるポイントをまとめてみましょう。

①募集人数は多く載せる…すでにでき上がっている組織に1人で新人として飛び込んでいくことは、勇気のいることです。「オープンにつき」「事業拡大につき」という大義名分とともに、募集人数を多めに載せます。

②自社の職種はすべて載せる…現在、欠員の出ている職種だけでなく、すべての職種を広告に載せます。募集外の職種に応募してきた方には、このように言います。

「ご希望の職種はすでに決まってしまいましたが、あなたは○○だから（長所を指摘）、ぜひうちとしては来ていただきたい。こちらの職種も向いていると思うので、まずはこちらの職種で経験を積んでみませんか」

③仕事のやりがいや楽しさを伝える…その仕事をしていて「うれしい」「よかった」と思えるときはどんなときなのかを具体的にわかりやすく掲載します。商品と同様に、価格（条件面）だけではなく、価値（この仕事で得られるもの）も伝えることが必要です。

あなたのお店の採用広告を見た人が、「こんなお店だったら買い物に行きたいなあ」と思えるくらいの内容に仕上げてください。

優秀なスタッフが数多く集まる募集広告の例

●どんな会社なのか？　何を大切にしているのか？　ということをストレートに表現する

●募集人数は多く、大義名分を入れる

●働くことの楽しさ・やりがいを伝える

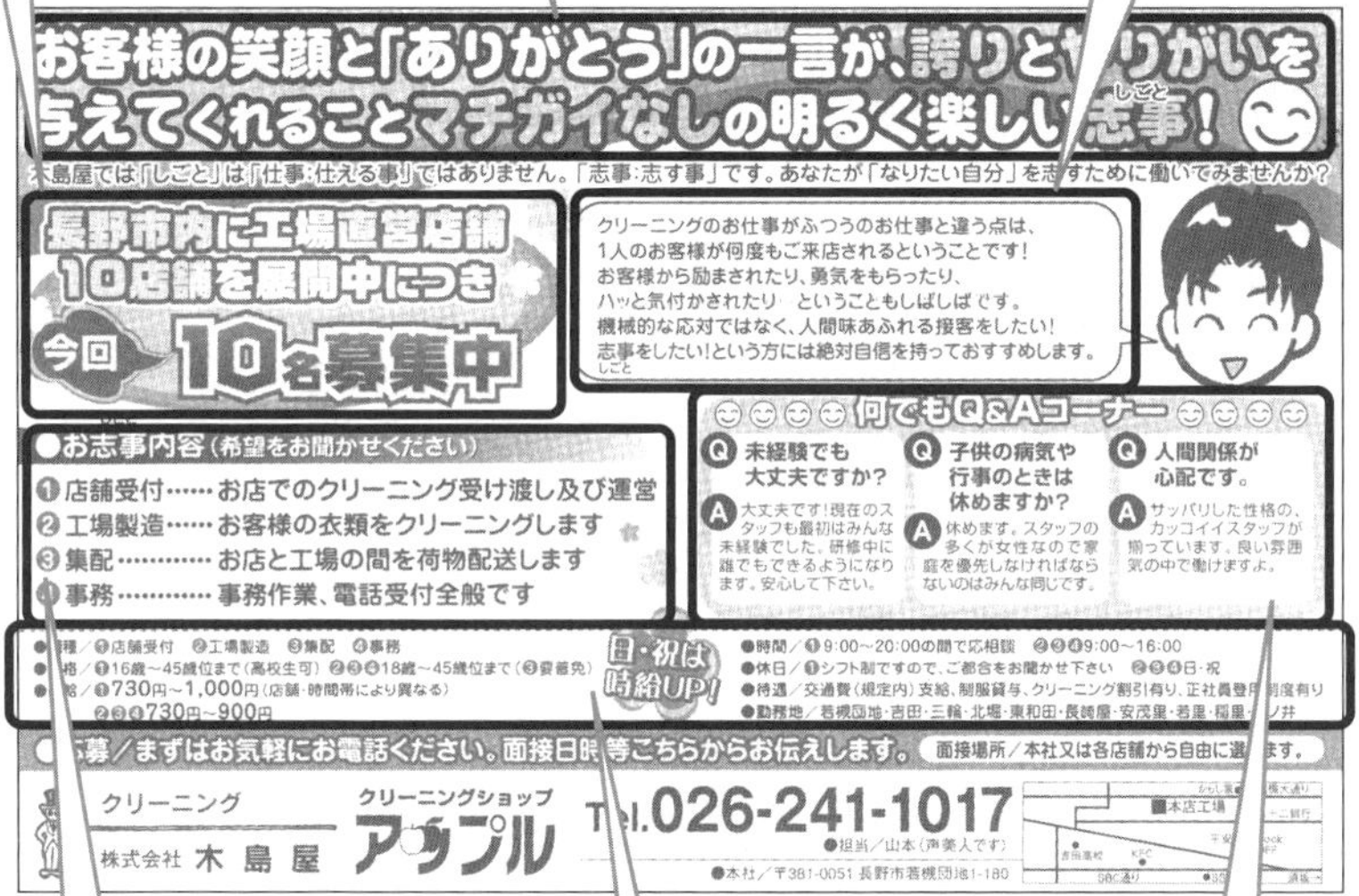

●職種はすべて載せる。面接の人数を多くすることを第一の目的とする

●電話の問合せでよく聞かれることは、Q&A方式で載せておく

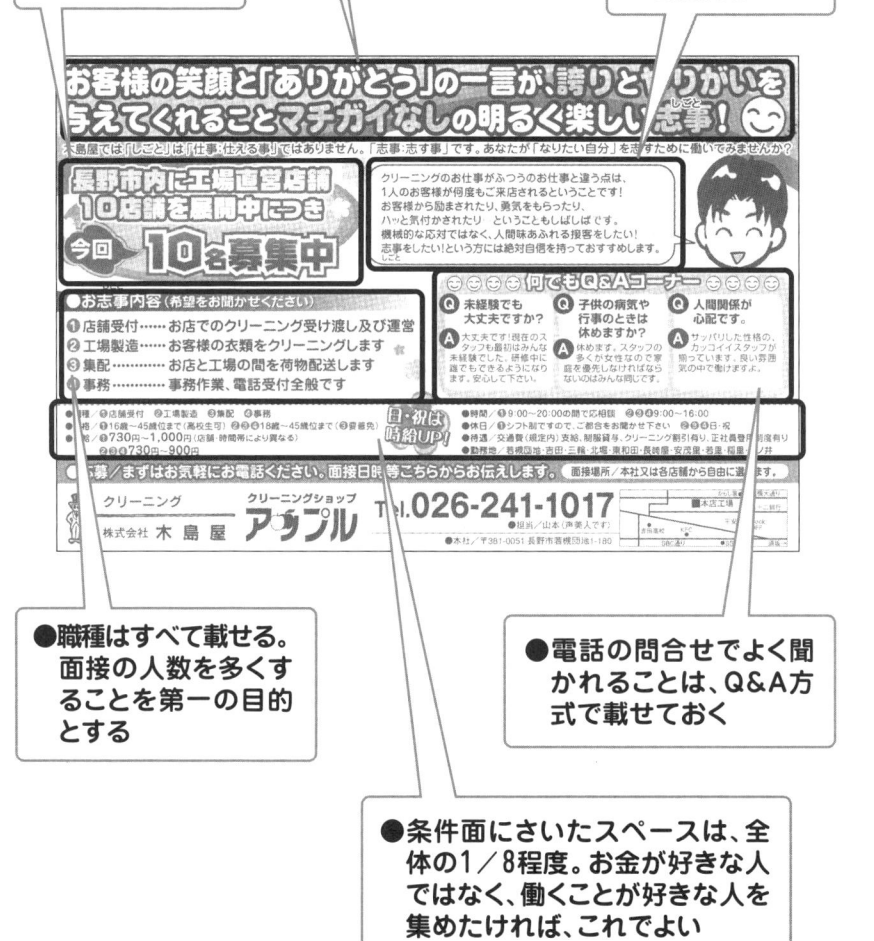

●条件面にさいたスペースは、全体の1／8程度。お金が好きな人ではなく、働くことが好きな人を集めたければ、これでよい

５　やる気あふれるスタッフは、こうすれば育つ！

■やる気あるスタッフの共通項

お店のスタッフ自身が、いきいきとやりがいを持って働いていなければ、そこを利用するお客様に楽しんでいただくことは難しいのではないでしょうか。このことは、もちろん売上にも大きな影響を与えます。

では、どうすればあなたのお店のスタッフがやる気を出して、働いてくれるようになるのでしょうか。これは大変難しい、究極の命題です。

「今、やる気を出して働いてくれている人、お客様のためにバリバリ働いている人は、どんな人か」を思い浮かべてみてください。あなたのまわりのやる気あふれるスタッフには、共通項があるはずです。

経営支援先や社内のスタッフをヒアリングしてみたところ、「将来の自分の姿や目標が明確になっていて、今年１年・今日１日の取り組みが、すべてその目標に向かっている人」は、いきいきとやりがいを持って働いている、という共通項を発見しました。

たとえば、

「３年間で経常利益を３倍に伸ばす」（通信販売会社社長・56歳）

「50歳までに１００億円のグループ会社を作り上げる」（資材卸売業後継者・27歳）

「５年後に自分のお店を持つために１０００万円の貯金をする」（衣料品店店長・25歳）

「車と結婚のため、とにかく年収を８００万円以上にしたい」（飲食店スタッフ・22歳）

■目標を実現するために日々の仕事を活かす

ただ単に、明確な将来の姿や目標があるだけではありません。彼ら彼女らの日々の時間のほとんどは、その目的を達成するために費やされています。

「５年後、10年後、どんな自分になっていたいの？」という質問に即座にはっきりと答えることができる人で、「今やっている仕事は、それに役立つことなの？」という質問に、肯定的な答えを出せる人です。

こんなスタッフをあなたのお店の中に、１人でも多く誕生させていかなければなりません。

現在のその１分間が、将来の目標のために使われているか？

将来の目標は？
ヤル気
100億のグループ会社をつくる
あり
今はまだ・・・
なし
車と結婚のため年収800万に！
あり
とくにないなぁ・・・
なし

6 個人別事業計画をメンバーとともに作る

■将来の完成型をイメージして取り組んでいるか

建築現場で働く3人のレンガ職人に「君は今、どんな仕事をしているの?」という質問をしたところ、

Aさんは「レンガを積んでいるんだよ」

Bさんは「壁を作っているところだよ」

Cさんは「教会を建てているんだよ」

と、答えたそうです。3人のうち誰が一番良質で効率的な仕事ができ、成長できるのかと言えば、答えは明らかです。

その場の仕事を、ただ「こなすこと」で終わらせてしまうのか、遠い将来の完成型に向かって今の仕事をしているのか、これが決定的な差となります。

さて、あなたのお店に「将来の自分の姿や目標が明確になっていて、今年1年・今日1日の取り組みが、すべてその目標に向かっている人」を増やすためにお勧めしているのが、「個人別事業計画」作りです。

スタッフに書いてもらう前に、まずは、あなた自身が書いてみてください。

個人別事業計画は、将来のなりたい自分の姿から逆算して、現在の目標や取り組み事項を整理するための、有効で手軽な資料なのです。

■あなたはスタッフの成長を支援する存在だ

あなた自身が完成させた後は、スタッフたちに作ってもらいます。つぎに、スタッフから提出された個人別事業計画をもとにして「すり合わせ」作業に入ります。これが最も価値ある時間です。

まず、スタッフが頭のなかで考えていることを知ることができます。また、作成の過程でスタッフの将来への道筋を具体的に作ることができます。

そして「個人別事業計画」作りを通して、あなた自身が「スタッフの夢を実現させるための存在」であり、「成長を支援する存在」であることに気づくことができるでしょう。

スタッフを「使う・利用する」という考え方のリーダーのもとには、お客様のためにバリバリ働く人は育たないということを知っておいてください。

個人別事業計画のフォーム

______________ 個人事業計画　　　※　第一次案を提出　→　すりあわせ後、決定

■　将来（5年後以上先）のなりたい自分の姿

▼

■　そこにいたるステップ（自由に）　　　EX）○年後：○○をする

▼

■　2003年の目標（具体的に2003年12月31日の自分の姿を書く）

■　目標達成のために、定期的に行うこと（心がけること/毎日（毎月）行うこと）

▼

■　2003年・数値計画

		1月	2月	3月	4月	5月	6月	小計	7月	8月	9月	10月	11月	12月	合計
目標	単月														
	累計														
会社予算															
実績	単月														
	累計														
2002年実績															
2001年実績															
■ 2003年 年間販促計画 ・数値達成のため実行すること															

7 リーダーは、普段どこにいますか？

■社長の居場所の「ルール化」

私は、数多くの過去の戦史・兵書や現在業績を伸ばしている会社の特徴・成功事例、具体的な戦略・戦術、リーダーのあり方などを分析し、その事実の共通項を帰納法的に導き出して、どんな会社にでも活用できる業績向上のための経営原則をコンサルティングの現場で活かしています。

この作業を「ルール化」と呼びます。

「リーダーの居場所」に関するルールをご紹介します。

業績のよいお店や会社のリーダーは、「お客様」と数多く会い、そのことに一番多く時間を使っています。つまり、どんな組織でも「リーダーの居場所」が最も強化されているのです。

たとえば、①リーダーが店舗・事務所のなかにいると、資料などがきれいに整理整頓されており、店舗も掃除が行き届き、接客・電話応対が丁寧です。スタッフが輝いています。②リーダーが工場や施工現場にいると、素材にこだわり、品質のよいものを作ります。そして、③リーダーがお客様のところにいると、販売力が強化されるのです。

■リーダーの居場所はお客様のそば

有名な話ですが、アサヒビールの快進撃の原動力となった樋口廣太郎氏は、社長就任の3ヶ月前に、全国の特約店や酒販店を1軒ずつ回り、「アサヒビールの樋口ですが、何かご注意いただくことはありませんか」とお客様の声を聞いて歩いたそうです。

売上を上げるためにはどんな商品を作ればいいのか、どんなサービスをすればお客様は喜んでくれるのか、ひいては、どんな戦略を立てればよいのかという答えは、すべてお客様のもとにあるのです。

したがって、リーダーは、お客様と会う機会を多く持ち、彼らが何を望んでいるのか、何に困っているのか、ということに対して、常にアンテナを張っていなければならないのです。

「リーダーの居場所＝お客様の場所」です。これが実践できなければ、商売繁盛はありえません。

売上を上げたければ、リーダーは「お客様」と数多く会うべし！

8 優秀な営業マンは巡回パトローラー

■性格やトークのうまさは二の次、三の次

「契約をどんどん取ってくる優秀な営業マン」と言えば、弁舌さわやかで（口がうまくて）バイタリティあふれる（常にハイテンション）なタイプの「バリバリの営業マン」を想像することが多いのではないでしょうか。

「自分はごく普通の人間だ」と自認している世の中の大半の営業マンは「優秀な営業マン」を見て、売れる営業マンになるためには、お客様を引きつける性格やトークが何よりも必要だと思い込んでいます。

たしかに「バイタリティあふれるキャラクター」「上手なトーク」を武器にして高成績を残している人は目立ちますので、「その姿に自分も近づかなければ売れない」あるいは「自分はそんな性格ではないから、営業成績はしれている」と多くの営業マンが思ってしまうのは無理もありません。

しかし、営業マンにとってそのような能力は、二の次、三の次でいいのです。成績を上げるために最も大切な能力、それは「数多くのお客様に会うこと」です。

■ベースとなる訪問件数を上げること

「なーんだ、そんなことか」と思われるかもしれませんが、その成果は「営業プロセス管理表」を作成すれば明らかになります。これは、業績数字だけをチェックする通常の営業管理表ではなく、その数字に至る行動プロセスまでをチェックする表です。

多くの場合、各段階の比率に大幅な差が出ることはありません。たとえば、営業マンによって、訪問したけど会える確率に大きな差があるとか、会えたけれども見込客に当たる確率がまったく異なるということは、ほとんどありません。ベースとなる「訪問件数」をまず上げていくことが、最終的な「成約件数」アップにつながっているのです。

成約に至るために必要な新規・再訪件数を割り出して決定した訪問件数や、ランク別の見込客先を、計画通りにきちんと巡回することができるかどうか？

これこそが「普通」の営業マンが、高成績を残すための決め手なのです。

営業状況進捗シートで行動のプロセスを管理する

●営業プロセス管理表

● $\dfrac{\text{成約（新規）}}{\text{見積提出（新規）}}$ ×100で比率を算出。

→新規顧客に見積りを3件提出。
1件が成約に結びついた。

					記入例		
			①件数	②比率	件数	比率	
	成約	新規		%	1	33.3%	
		再訪		%	2	25.0%	
A	見積提出	新規		%	3	30%	
		再訪		%	8	22.8%	
B	見込客	新規		%	10	25%	
		再訪		%			
C	会えた件数	新規		%			
		再訪		%			
	訪問件数	新規		—	85	—	
		再訪		—	55	—	

（再訪＝再訪問の略）

●営業マンの月間数字

●新規の見込客が10件。
来月からは「再訪」先になる。

9 営業マンを勝利に導くピラミッドの法則

■まず、必要訪問件数をしっかり達成する

営業マンにもさまざまな誘惑があったり、売上を上げるため以外の仕事をしなければならないこともあります。それらをすべて受け入れたうえで必要訪問件数を回ることこそが、営業マンに最も必要とされる能力です。

ピラミッドの底辺を訪問件数としますと、頂点が成約件数となります。たとえば、現在１００件の訪問につき、見込客が20件、成約客が４件の割合でできているとします。

営業成績を上げるためにまず行なうべきことは、この「底辺」を拡げること、つまり訪問件数を上げることに尽きるのです。訪問を１５０件に上げれば、現在と同じ営業手法でも、単純に成約件数は６件に上がります。

■効率のよさをいきなり追求してはならない

数多くの営業マンが陥ってしまうあやまちは、多少の覚悟と時間の使い方の工夫だけで簡単にできるこの原則を置き去りにして「訪問件数」を減らし、「効率のよい営業テクニックを身につけよう」「スーパーセールスマンの真似をしよう」とすることにあります。もちろん「効率のよい営業テクニック」は必要です。しかし、それを実行する前に、まず行なうべきことがあるということを絶対に忘れてはいけません。

印刷会社のA社は、営業マンの成績を成約件数と売上のみで管理していました。あるとき、営業実績だけではなく、過程の行動までをチェックするようにしたところ、その効果がはっきりと現われました。

若手の真面目な営業マンが、じわじわと成績を上げるようになってきたのです。また、売上に波のあったベテラン営業マンも、若手の台頭に刺激を受けたのか、プロセス管理で手を抜けなくなったのか、高い営業成績を安定的に続けるようになってきました。これは、どんな業界でもまったく同じ効果をもたらします。

このような売上アップの基本（＝底辺を拡げること）が定着した時点で、はじめてピラミッドの「傾斜」を急にしていきます。つまり、効率のよい営業テクニックを身につけ、実践していく段階に入っていくのです。

新規開拓進捗状況シート

客先名				優先順位		社員数	営業所名
客先キーマン	役職	名前	決定権	競合	名称	推定売上	所長
			有　無				担当者
			有　無				競合状況
			有　無				
			有　無				
			有　無				
			有　無				

訪問チャンス時間	訪問チャンス曜日
特記事項	G（訪問中止）理由

週		/	/	/	/	/	/	/	/	/	/	/	/	/	/	/	/	/	/	/	/	/	/	/	/	/	/
A	A1（納品）																										
	A2（受注）																										
B	B1（価格交渉）																										
	B2（見積提出）																										
C（上長同行訪問）																											
D（2回目以降面談）																											
E（1回目面談）																											
F（まだ）																											
G（訪問中止）																											

10 全員参画型の営業会議でノウハウを共有化

■与えられたマニュアルは役立たない

営業効率を上げる（ピラミッドの斜辺を急にする）ためには、全員参加型の会議で営業方法をみんなで考え、書面化することが最も有効です。

会社がマニュアルを配布するケースもあるようですが、一部の頭のよい人が考えたマニュアルは、現場に生きる営業マンには定着しないものです。「解答」を簡単に与え、結果をすぐ出させようとしてしまうことが、強い営業マンを育成することを妨げているのです。

夏休みの宿題をしている子供が、答えを見てそれを書き写していたらどうしますか？　「答えを見て書き写しちゃダメ！　自分の力にならないよ」とたしなめるでしょう。営業マンも同じです。「答え」を教えるよりも、「答えの導き出し方」を教えなければ、真の力ある営業マンは育ちません。

■押しつけられたものより自分たちで考えたものを

仕事の効率に関する、つぎのような法則があります。

・他人から強制的に仕事をさせられた場合…レベル・低
・他人からの指示でも、本人が納得して仕事をした場合…レベル・中
・企画段階から本人が参画して仕事をした場合…レベル・高

上からの一方的な押しつけによる指示よりも、実際にそれを実行する人の意見を取り入れながら行なう指示の方が、よい結果を生むのです。

たとえば、「訪問件数に対して、会うことのできる件数をいかに多くするか」というテーマについて、営業マン全員で徹底的に話し合う場を設けます。各個人が持っている「こうしたらうまくいった」という小さな成功体験を出し合うことで、自分たちオリジナルの営業効率アップ法が導き出されます。

営業マンは、身近で成功した手法や自分が意見を述べて決定した事項については、受け入れ、実践するものです。

素晴らしい武器（ノウハウやマニュアル）を与えても、使われなければ宝の持ち腐れなのです。

マニュアルは、自分たちの小さな成功体験の集大成

11 マニュアルは、作ることに意味がある

ここでは、営業マン自身が話し合って導き出した手法の事例を紹介します。

■訪問数に対する面談率を高める方法（食品メーカー）

「居酒屋への営業では、4時から5時の間が会いやすい」「大きな会社にアポイントをとるときには、少し偉そうな態度で電話をした方が受付を突破できる」

その他に、この会社では、服装、曜日、持ち物、情報の読み方、訪問スケジュールの立て方などについても話し合いのもと、マニュアルを作成しました。

■見込客件数を多くする方法（石材店）

営業マンA氏は、自分の感覚で「墓石本体の購入を検討していそうだ」というお客様を見込客としてカウントしていました。

別の営業マンB氏は、「今は墓石がまだない」「今は墓地がまだない」「まだ戒名を墓石に刻んでいない」「墓石に改修の必要がある」という条件に1つでも当てはまる人を自動的にすべて見込客としていました。そのうえで見込客リストを作り、定期的に訪問、セール案内の送付と電話フォローを繰り返していたのです。

もちろん、安定的によい成績を収めているのはB氏です。組織として「見込客の定義」をしっかりと決めることの大切さが、この話し合いで明らかになりました。

他のテーマについても、同様に話し合います。出てきた答えをまとめれば、自分たちの力で作り出した立派なマニュアルの完成です。これを実行に移す→反省する→また行動する……この繰り返しこそが、現場で活きる営業効率アップの方法です。

■完成したマニュアルは破って捨てる!?

A美容室では、こうして作られたマニュアルを9ヶ月だけ利用して捨ててしまいます。

その後、3ヶ月間かけて、昨年のものをまったく見ずに、来年のためのマニュアルをバージョンアップして作成するのです。マニュアルをベースに、それ以上のものを身につけた自分たちの行動の総決算がマニュアルであり、毎年毎年、自分たちが成長したことを確認する作業が、この美容室の「マニュアル作り」なのです。

営業マニュアル作りの意味

9章

人で既存顧客を固定化する方法

1章	90日間で売上を1.5倍にするマーケティング計画を作ろう！

関わり方の具体的事例		お客様	
		新規顧客	既存顧客
自分	商品	2章	3章
	販促	4章	5章
	店舗	6章	7章
	人	8章	9章

資料編	90日間売上アップ行動計画のサンプル

1 頭のなかの「かきがら」を落とそう

■「かきがら」は船を減速させるもと

船が長い間航海を続けていると、船底には「かきがら」がくっつきます。ドッグに上げられた船を見ると、普段は海の中に沈んでいる部分に、フジツボなどの貝殻がビッシリとついています。あれが「かきがら」です。

普通の人が見てもあまり気にとめない「かきがら」ですが、これが船底につくと、どうなるかご存じでしょうか。

恐ろしいことに、2〜3割も船の速力が落ちてしまうのです。そうすると、漁船の場合であれば魚を捕る、戦艦の場合なら敵を攻撃する、タンカーや客船の場合なら物や人を運ぶ、という本来の「目的」に重大な支障をきたしてしまいます。

だから、定期的に「かきがら落とし」をして、船底をきれいにしておく必要があるのです。

■リーダーにも「かきがら」はついている

リーダーの頭のなかに「かきがら」がつくと、「業績を上げ、家族やスタッフを食べさせ、お客様、取引先を幸せにする」という本来の目的を達成するための重大な支障となります。この「かきがら」を「固定概念」と呼びます。

固定概念が存在すること自体は、悪いことではありません。むしろ、その方が自然だと言えます。

ただ一番怖いのは、リーダー自身がどっぷりと若い頃の成功体験や、景気がよかった頃のやり方、業界の慣習に浸りきってしまい、自分の頭のなかに「かきがら」がビッシリとこびりついていることにさえ、気づかないでいることです。

その点、素人は、知識や技術がない代わりに「かきがら」もありませんから、必要で合理的だと思うことはどんどん採用して実行します。異業種から飛び込んできた人がよく成功するのは、このあたりに理由があるのだろうと思います。

とにかく、業績を上げようと思ったら、他力本願で景気の回復を待つよりも、頭のなかの「かきがら落とし」からはじめることです。

頭のなかには、誰でも自然に「固定概念」ができることを自覚しよう

2 「かきがら」を落とすための2つの方法

■自覚症状を感じたら

かきがら（固定概念）が頭のなかにこびりついていること自体に気づいていないのに「かきがら落とし」をするのは、並大抵のことではありません。

何しろ自覚症状がまったくないのですから、よほどのショックを与えない限り、頭のなかのかきがらに気づくことはないのです。

一方、「ひょっとしたら、自分の頭のなかに、かきがらが存在しているかもしれない」と認識している人には、かきがら落としのよい方法があります。

①業種・業態を問わず、成功例を学ぶこと

加工された二次情報（新聞、雑誌、書籍）を鵜呑みにするだけでなく、実際に見に行く、体験する、そしてできれば、そのリーダーと交流を持つことです。自分で体験してみて、はじめて「知った」と言えるのです。

②お客様の生の声を知ること

不況になればなるほど、リーダーはお客様に近いところに身を置かなければなりません。お金を払ってくれるのはお客様だからです。

お客様の要望を直接ヒアリングする、アンケートを実施する、グループインタビュー（お客様を集めた座談会）を開くなどして、リーダー自ら対話することをお勧めします。

①、②によって、あなた自身の価値観を、自分で意図的に、ゴシゴシと磨き続けなければなりません。ちょうど、スポーツ選手が日々苦しい練習に耐えて、心技体を磨き続けることに似ています。

■あえて、居心地の悪いところに身を置いてみる

会社の同僚や取引業者・業界関係者とは、基本的に考え方が同じなので、一緒にいても違和感がなく、居心地がよいものです。一方、①、②で出会う人は「異質」な存在で、ストレスを感じることも多いはずです。

しかし、心の底から「認識する」、あるいは何かを「変える」ためには相応の「痛み」を伴うものです。そのような場面に定期的に自分を追い込むことが、「かきがら落とし」の最良の方法なのです。

「異質」との出会いが、固定概念を削りとってくれる！

●お客様からの生の声の数々

…厳しい意見・納得できない意見も少なくありませんが、間違いなく、頭の中のかきがら（固定概念）を落としてくれます。

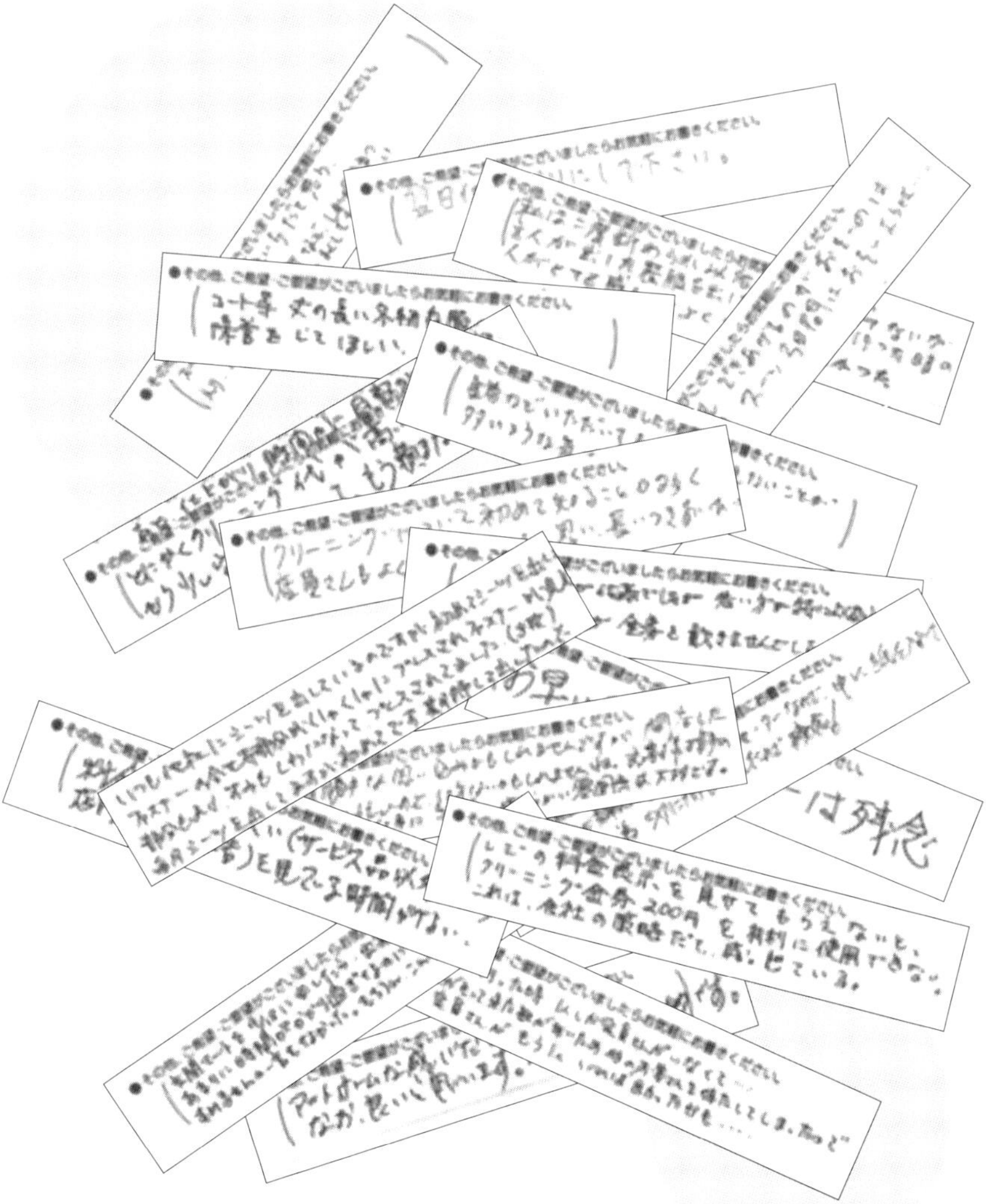

3 モデル商法は業績アップの最短距離

■成功した経営手法を真似てみる

業績アップの一番の近道は「同業種で競合せず、はるかに高業績を上げている会社」に行き、体験し、経営者に話を聞いて教わり、真似をすることです。

つまり、お手本（モデル）となる会社を見つけ、その会社の経営者に直接会って高業績の具体的理由を教えてもらい、自社へ落とし込んで実践するのです。

見ず知らずの人に、突然「教えてください」と電話や手紙でアポイントをとるのは、少しだけ勇気のいることですが、その代わり、あなたにとって素晴らしい未来が開けます。そして、不思議なくらいの高確率で、モデルとする会社はアポイントを快く受け入れてくれます。なぜなら、彼らは前向きで勉強熱心な人が大好きで、昔、自分も「モデル商法」をやった経験があるからです。

実際、伸びている経営者・幹部は、つぎのように「モデル商法」を実によく実践しています。

- ・マッサージコーナー導入にあたり、すでに導入している3社に足を運んで詳細なデータまでもらい、成功パターンを発見した温浴施設の若手経営者
- ・患者が「楽しいから、また来たくなる」というディズニーランドのような病院を見学させてもらい、自院への落とし込みを図る病院の女性経営者
- ・上場企業の社長に直接アポイントをとり、面談した塾の経営者

■モデル商法を有効に活用するポイント

- ・モデル探しは、業者や関係者から情報収集すればいいが、アポイントは自分で行なうこと
- ・事前に50個以上の質問項目と、自分のことを紹介できるツール類を用意しておくこと
- ・訪問後、自社に戻って「何をするのか」を具体的に決めること

そして、最も大切なポイントはスピードです。「感・即・動」つまり、感じたら、即、動くことです。

モデルへのコンタクトの早さ、モデルから学んだことを自分で実行してみることの早さ。この2点のスピードと業績向上のスピードは、見事に比例しています。

●モデルとした会社へ行き、自社で何をするかをまとめたレポートの数々。

「　　　　　屋」訪問報告書

平成15年3月24日（月）

当社に取り入れたいこと

1．カラオケの概念を消した空間づ
2．飲食比率のアップ
3．数値管理・組織

1．カラオケの概念を消した空間づくり
●建物設計のコンセプト→落ち着いて食事をしながら楽しめる
入口（看板）は、従来のカラオケ店にあるようなネオンがない
で囲まれており、店のコンセプトが書いてある。雰囲気はカ
室内も木目調、シックな色合いで統一されており、いすもソ
机も広く、カラオケにありがちな宣伝POPもなく、壁にも貼っ
部屋に入り座るととても落ち着いた気分になる。靴を脱いで
リニューアルしたら、若年層が減り年配層にスライド・・・補

当社への落とし込み方法（案）
1～2年以内のリニューアル予定はない。リニューア
・最低限、壁やいすの破れはなくす。一自社で直せる
各店修繕したいところをリストアップし、望月主任に
自社で修繕できないものは、予算に応じ外注、あるい
・各店「店の空間づくりコンセプト」を提出。
どんな店にしたいのか、独自性を出すことにより個性

2．飲食比率の

当社への落とし込み方法（案）
1年以内はグランドメニュー変更はなし。フェア・一番商品に力を入れた対策を！
・壁貼りPOP、机上のメニューPOPの改善。
現在はいろんなPOPが貼ってあり、統一性がなく何を売りたいのかがよくわからなくなっている。
フェアの時はそれだけを貼る。大き
POPが貼れず伝えきれないことは、
①POPの効果的な配置（室内含む）
②壁貼り大判POP→外注見積り（
・当店おすすめ商品を月替りで
店長（あるいは従業員）推薦コメント
グランドメニューの売上促進につな
・次回グランドメニュー変更・フェアで
飲食プロジェクトチームを中心に、
①容器・・・シンプルで定番物（製造
②量、盛りつけ・・・1組人数が平均
③ネーミング・・・商品名をみただけ

3．数値管理・組織
●毎月売上目標＋利益目標を設定し、店長へ
篠本氏が社長から権限を一任されており、
命令・指示系統がはっきりしていてる。
篠本氏は毎日店をまわり、店長と打合せをし
損益の結果も詳しく店長に説明し、どこがだ

リフレッシュプラザにおける「マッサ-ジサービス」導入検討資料

業者名	㈱	鍼灸院	治療院
主な営業内容	健康器具販売 直営マッサージ4店舗 温浴マッサージ派遣	鍼・灸・カイロプラクティック アロマテラピー サンスポーツへの派遣施術	医療マッサージ開業 訪問マッサージ
所在地	奈良市	亀岡市	丹波町
連絡先	0742−	0771− 0908−	0771− 0903−
担当者	氏	氏	氏
サービス内容	クイックマッサージ 足底マッサージ	全身マッサージ 足底マッサージ アロマテラピー	全身マッサージ 足底マッサージ アロマテラピー アロマオイル、パウダー リラクゼーション等 顧客ニーズに対応
	15分1，500円 30分3，000円 ショートコースを中心	15分1，500円 30分2，700円 60分5，000円 10分追加ごとに 1，000円	15分1，500円 30分3，000円
	クイック用ベット3台 足底用ベット2台	施術ベット3台	施術ベット2台
	トレーナー2～3名	院長本人と マッサージ師（資格者）	院長本人と 学生アルバイト（鍼灸大）
	11:30～20:00 （受付終了）	11:30～20:00	11:00～14:00 16:00～20:00 一方ずつリサーチ
	現場受付 カウンター設置	予約可（フロント対応） 現場受付	現場受付 カウンター設置
	券売機使用	券売機使用	券売機使用
	20～25%	15%	15%
	営店を含めて、マッサージ ービス営業に熟知。 術スタッフの人材も豊富。	鍼灸師の医学的ノウハウをもっての施術が可能。 重傷者、要治療者などは自院での診療等の対応ができる。 保険、回数券の取扱い可能。	間接照明、ヒーリング音楽も合わせて心からリラックスしていただけるサービスの提供。あえてメニュー提案せず、顧客ニーズに合わせ施術する。重傷者、要治療者などは自院での診療、往診での対応ができる。
	券売機メニュー変更費 タオルリネン費	券売機メニュー変更費 パーテーションの設置 フロント予約管理	券売機メニュー変更費 パーテーションの設置
	8，551千円	11，544千円	

④自社への落とし込み方法
(1) フロントエンド商品を設定
・2ステップマーケティングを活用するため、まずは「小規模飲食店のオーナー、店長へ　常連客を増やす画期的なノウハウ(仮)」小冊子を作成する。そして、その小冊子を当社の場合はエリア限定なので最初の広告媒体は新聞広告ではなく、FAXDMで販売促進する。値段は1,000円～2,000円程度で設定。
・その後、定期的にニューズレター、セールスDMを送り、バックエンド商品の販売に繋げる。
・書籍の出版については将来的には視野に入れるが、当面は難しい。
(2) バックエンド商品を設定
・セミナー、講演会参加、会員獲得(飲食店向け集客実践会(仮))
・ビデオテープ、音声テープ販売
・配布用集合広告(フリーペーパーのようなもの)
・メールチラシ
・ノベルティグッズ販売代行
・チラシ、パンフレット、メニュー、Webサイトなどのツールの企画制作
・個別コンサルティングについて
当社の場合はエリア密着型の1点突破で始めるため個別面談のコンサルティングは年間契約により、毎月の顧問契約料をもらえる店舗のみ行う。むしろ、会員の中から勉強会(船井総研様参考)に参加してもらい、成功、失敗事例をもちあって研究することとし、ここからも収入を得る。
・Web上でもまずは全4回の無料ニューズレター登録に参加してもらい、有益な情報を提供し、バックエンド商品の販売につなげる。
・会員制度について
当社で集めたノウハウはもちろんのこと、会員の中からの成功事例を紹介し、優

3．結果
現在この
ステップ、
大きな失敗
に実践して

ロマッサージサービス売上計画

作成：温泉プール課

項目		月度	10月	11月	12月	1月	2月	3月	計
入館者数	ビジター	大人	13,945	14,435	10,176	14,925	14,325	15,780	83,586
		小人	1,556	1,509	960	1,903	1,598	1,928	9,454
	会員		6,390	6,480	5,440	6,280	6,220	7,690	38,500
	計		21,891	22,424	16,576	23,108	22,143	25,398	131,540
収入※	クイックマッサージ	利用率	2%	2%	2%	2%	2%	2%	2%
		利用人数	280	290	200	300	290	320	1680
		1客単価	1,700	1,700	1,700	1,700	1,700	1,700	1,700
		売上げ	476,000	493,000	340,000	510,000	493,000	544,000	2,856,000
	足底マッサージ	利用率	2%	2%	2%	2%	2%	2%	2%
		利用人数	280	290	200	300	290	320	1,680
		1客単価	1,700	1,700	1,700	1,700	1,700	1,700	1,700
		売上げ	476,000	493,000	340,000	510,000	493,000	544,000	2,856,000
	計	利用人数	560	580	400	600	580	640	3360
		1客単価	1,700	1,700	1,700	1,700	1,700	1,700	1,700
		売上げ	952,000	986,000	680,000	1,020,000	986,000	1,088,000	5,712,000
費用	委託料（仮）	80%	761,600	788,800	544,000	816,000	788,800	870,400	4,569,600
	リネン費 バス：32円 フェイス：16円	バスタオル 上段：点数 下段：金額	60	60	40	60	60	60	340
			1,920	1,920	1,280	1,920	1,920	1,920	10,880
		フェイスタオル 上段：点数 下段：金額	280	290	200	300	290	320	1680
			4,480	4,640	3,200	4,800	4,640	5,120	26,880
営業利益			184,000	190,640	131,520	197,280	190,640	210,560	1,104,640

※ビジター大人の入館計画から算出する。

4 オーナー会社の後継者は35歳までに社長になれ

■先代社長を超えるために

中小オーナー会社の後継者は、遅くとも35歳までに、営業、生産、資金繰りも含めた決定権のある経営経験がなければ、先代以上の会社を作ることはできません。

歴史から学んでも、「死ぬまでトップがその座に居座り続けて、成功した例は少ない」、「経営実務に若いうちから携わっている後継者は伸びる」という法則があります。

戦国大名の領国経営には、「オーナー会社」がモデルとすべき点が多数あります。以下に、具体例を挙げてみましょう。

・若年にして家督相続し、活躍した戦国武将

織田信長（18歳）……父・信秀の死により家督を相続

伊達政宗（18歳）……父・輝宗が41歳で家督を譲る

・死ぬまでトップに居座り、混乱を招いた戦国武将

上杉謙信（47歳で病没）……2人の息子が家督争い

武田信玄（52歳で病没）……死後9年で武田家が滅亡

豊臣秀吉（61歳で病没）……死後15年で豊臣家が滅亡

・現役で引退し、安定経営の礎を築いた戦国武将

徳川家康（天下を獲って2年で引退）……秀忠（26歳）に家督を譲る

北条氏康（45歳のとき。病没は58歳）……氏政（22歳）に家督を譲る

■元気なうちに経営を譲ることも器量のうち

当時の戦国武将の平均死亡年齢や、元服（成人）が15歳であったことを考えれば、これらの年齢に5～10歳プラスした数字が、現在に当てはまる年齢となります。

現オーナー社長は「まだまだ、やれる」と思っている元気なうちに、すべてを任せてしまうことです。次代の会社を見守る器量も、経営者として必須の能力です。

後継者は、できれば20代、遅くとも30代前半までに、自分の責任で経営実務に携わること、あるいは自分で起業することを強くお勧めします。

これは、組織内の人材には、若いうちから「自分のチームを持たせ、運営させたほうがよい」ということにも通じる法則です。

経営実務に携わるのは、若ければ若いほどよい

5 部下とのかかわり方は具体的に

■個別性は普遍性である

人の行動の個別性は、普遍性を帯びています。どういうことかと説明すると、ひと言で言えば「一事が万事」ということです。これは、部下を育成する際や社内の雰囲気を変える際、リーダーが必ず心得ておかなければならない原則です。

研修をしたり、教育システムを整えたり、マニュアルを作ったり、ということも、たしかに大切なことかもしれません。

しかし、もっと大切なことは、部下１人ひとりと、何か「一事」について徹底的にかかわり合い、この「一事」を矯正していくことです。

たとえば、広告代理店の営業マンＡ君の「一事」は、彼が作成したあるサービスの募集用ＤＭでした。その仕事ぶりを検証すると……。

■Ａ君の問題点

・定型サイズの封筒でも郵送できる内容物なのに、定型外サイズの大きな封筒を使用している。また、封筒を大きくしたことで、どれだけの募集人数アップが見込めるのかという仮説もない（＝費用対効果を考える習慣がなく、コスト意識がない）。

・封筒には、あっさりとサービス名が書かれているだけで、相手の興味をそそるフレーズがほとんどない（＝数字を上げることへの執着心がない）。

・内容物は、これまで使用してきたものと同じものを流用。しかも誤字脱字が修正されていない（＝創造性に乏しく、注意力にも欠ける）。

彼が作ったＤＭからは、これまで彼が身を置いてきた環境や仕事を進めていくうえでの普遍的な問題点が、浮かび上がっています。

「費用対効果を考えよ」「創造力を持て」「もっと執着心を」と言葉で言うだけでなく、この「サービス募集用ＤＭ」をその場で作り直させることが、人を育て、社内を変えることになります。

個別の一事に徹底してこだわり、一対一で部下とかかわってください。

人の心や気持ちは「一事」に表われる！

6 同じことを繰り返して言うことを恐れるな

■原理原則は繰り返せ

ここでは、トップの考え方や経営理念をどのように徹底させるのかについて、述べたいと思います。

支援先の社長に、こんなことを言われたことがあります。

「船井総研のコンサルタントの方のセミナーを何回か聞いたことがあるのですが、枝葉の部分は多少違っていても、根っこの原理原則の部分は、誰でも言うことや考え方が一致していることには驚かされます。コンサルタントは全国各地を飛び回っている方ばかりなのに、どんな教育制度があるのですか？」

ところが、弊社には特別な研修制度はほとんどなく、仕事は現場のなかで覚えていきます。

ただ1つ「共通の考え方」が徹底される場があるとすれば、それは毎月1度だけ開催される会議でしょう。そのなかで、船井幸雄は全社員を前に20分ほど話をするのですが、内容のほとんどは、何度も聞いたことのある話ばかりなのです。

つまり、「どうすれば、お店や会社の業績が上がるようになるか」という原理原則を繰り返し、話しているのです。

■リーダーは信念を持って繰り返せ

普通、リーダーは、会議などの場で、毎回同じことばかりを話すことを避けようとします。「同じことばかり話すと、俺は部下から『バカだ』と思われるのではないか？ 知識のあるところを見せたい。『スゴイ』と思われたい」という心理が働くからにほかなりません。

しかし、リーダーの考え方や理念をスタッフの間に浸透させていくためには、信念を持ち、できるだけ多くの人が納得できる哲学や原理原則を語り続けることが必要なのです。

同じことを同じメンバーに言い続けることは、決してバカなことではありません。それどころか、最も難しいことなのかもしれません。何度も何度も実践し、検証を繰り返した信念を築き上げることができてはじめて、これができるからです。

同じことを同じメンバーに言い続けることは偉大なこと

そろそろ覚えたかな？？
フフフ…
このような心づもりでお客様に……
ドン
まただ…
…心づもりでお客様に接っていれば、それはやがて何倍にもなってもどって…
もう覚えちゃったよ…

7 変化してきた「トップセールス」の資質

■テクニックより誠実さを

最近、販売の現場で、いわゆる「トップセールス」となる人物のタイプに変化が生じてきています。

数多くの経験を積み、話術や販売テクニック、駆け引きに長けたベテラン販売員よりも、経験が浅く、話術、テクニック、駆け引きが未熟であっても、素直で朴訥、心の底からお客様のために一生懸命になれる販売員の方が、実績を上げているのです。

たとえば、流行遅れの長期滞留在庫品を取り出してきて「他の店には置いていないお値打ち品ですよ」、似合ってもいないのに「とてもよくお似合いですよ」と美辞麗句を並べ立てる販売員。売れない商品を仕入れておきながら反省の色もなく、不良在庫を見事に「売りつけた」ことを賞賛する風潮のある会社は、最近、苦戦しているのです。そして、このような販売員や会社に限って、売ったら売りっぱなしで、お客様のためのアフターフォローにはまったく力を入れることはありません。

もちろん、このことはあらゆる業種・業態の販売員、問屋・メーカーの営業マンにも当てはまることです。

販売力・接客力＝「だます」「脅す」「早く決めさせる」「逃げ道をなくす」という要素が多分に強かった時代は終わり、「正直さ」「誠実さ」「真にお客様のことを思う心」が、販売実績に結びついてくる時代になっているのです。

■「鏡の原理」を知っておこう

船井総研の経営原理の1つに「鏡の原理」があります。これは「自分が相手に対して持っている感情や起こした行動は、そのまま相手から自分に返ってくる」というものです。

自分が相手を「好きだ」と思えば、相手も自分に対して徐々に好感を持つようになり、「相手のために役に立ちたい」と思って行動すれば、相手もそのように思い、行動してくれるようになります。

これからのリーダーは、以上のことをしっかりと理解し、自社の「押しつけ販売体質」を改めて見直す必要があるのではないでしょうか。

感動体験を共有するためのシート

これまで仕事をしてきたなかで、最もうれしかったこと・やりがいがあったこと、感動したことを、具体的なエピソードとして書いてください。 ①いつ　②誰が　③どんな状況で　④何をしたのか　⑤どう思ったのか？ をわかりやすく書いてください。
所属：　　　　　　　　　　氏名：

①上記のシートをスタッフ全員に配り、記入してもらう。

②全員分を一冊にまとめて、コピーする。

③会議などの場で、それを全員で読み合わせ、場合によっては発表してもらう。

④本気でやりがいを持って働けるときとは、どんなときなのか？　そのような場面をもっと増やすためには、どうしたらよいのか？　を話し合う。

8 自分の思うよい方向に組織を導く方法

■**人が本気で行動するためのきっかけは**

人が「本気モード」で行動するとき、それを実行しようと決断する基準は、「こうあるべきだ」という言葉や「取扱説明書」のような一般的なマニュアルではありません。それは、過去に自分の身近で起こった出来事や事例にあります。

このため、リーダーは組織をよい方向に導くために、スタッフが行なったよい事例や出来事にスポットライトを当て続け、積極的に他のスタッフにも伝えていくことが大切です。

そしてリーダー自身が、「私はうれしい」とストレートにスタッフをほめるのです。

■**歯科医院での事例**

ある歯科医院では、受付の応対レベルを改善するために、当初はこと細かなマニュアルを作成したり、悪い応対をそのつど注意していましたが、思うように改善は進みませんでした。

しかし「こんな応対をしてくれてうれしかった」という患者さんの感謝の声や、機転の利いた具体的な応対エピソードを紹介し始めたところ、受付の応対が劇的にレベルアップしてきたのです。

義務感や恐怖心に裏打ちされ、頭のなかだけで「こうしなければならない」と行動していたスタッフたちが、「患者さんに喜んでもらいたい！」と心の底から思い、行動するように変わってきたのです。

少々マニュアル通りではなくても、少しくらいミスをしても「喜んでもらいたい！」という積極的な思いからの応対なら、お客様に伝わるものがあるのです。

■**よい事例や出来事を伝える主な方法**

・朝礼・終礼・会議など、定期的にスタッフが顔を合わせる場で公開する
・社内報・社内新聞に掲載する
・数字や成績に基づいた表彰だけでなく、「よい行ない」を表彰する
・お客様アンケートにご記入いただいた「感謝の言葉」をスタッフルームに貼り出す

よい事例・事件にスポットライトを当て続ける！

感動体験の深さ ＝ 各個人がどのくらい深い感動をしているか？

×

感動体験の広さ ＝ 各個人が「どんなことに感動したのか」を知っている人数はどのくらいいるか？

＝

業績のよし悪しに影響する

チームのメンバーが、これまでの仕事のなかで一番感動したエピソードを、あなたは知っていますか？
あなた自身が感動したエピソードを、チームのメンバーは知っていますか？
感動体験の共有度合いは、チームワークの強さに比例します。

前項のシートをまとめると一冊の「文集」ができ上がります。

これにより、**感動の広さ**が生まれます。

9 ライバル店対策の心得

■ライバルを非難しても売上は伸びない

商売に、他店との戦いは付きものです。コンサルタントは、支援先がライバル店にいかにして打ち勝つか、より多くのお客様の支持を集めるためにどうすべきか、ということを具体的にアドバイスしなければなりません。

ところで、競合店・ライバル店に対するスタンスは、リーダーによってさまざまです。憎しみ、うらやみ、怒り、尊敬、嘆き、あわれみ、おごり、無関心……いろいろな感情が入り混じります。

「あそこは安売り屋だ。質が悪いと評判だ」「ウチの真似ばかりしている。訴えてやる」という否定的な見方をするリーダーもいれば、逆に「よく考えた商売をしておられる。負けずに勉強しなくては……」「行動力のある立派な人だ」と肯定的な見方をするリーダーもいます。概して、否定的なリーダーよりも、肯定的なリーダーの方がよく伸びています。

■敵から学ぶことが天下獲りにつながる

戦国時代の覇者・徳川家康に、このようなエピソードが残っています。

徳川家にとって最大の脅威であった武田信玄の死の報に際し、大喜びする家臣に対して、家康が言った言葉です。

「信玄のような武勇の将は、古今まれである。自分は若い頃から彼を見習いたいと思うことが多かった。信玄こそ我らにとって武略の師であると言ってよい。隣国に強敵があるのは幸いである。なぜならば、こちらは油断なく、怠りなく励み、また、国内の仕置きにも心を遣うゆえに、政治も正しくなり、家も整う。もし、隣国に強敵がいなかったら、味方は武のたしなみ薄く、上下ともに己を高く思って、恥じ恐れる心を持たぬため、だんだん弱くなるものである。信玄のような敵将の死を味方が喜ぶ理はない」

家康も言うように、競合店・ライバル店の存在を肯定し、敬愛し、学ぼうとする姿勢のあるリーダーこそ、最後に天下を獲ることができるのです。

ライバルの存在を肯定し、敬愛し、学ぼうとするリーダー

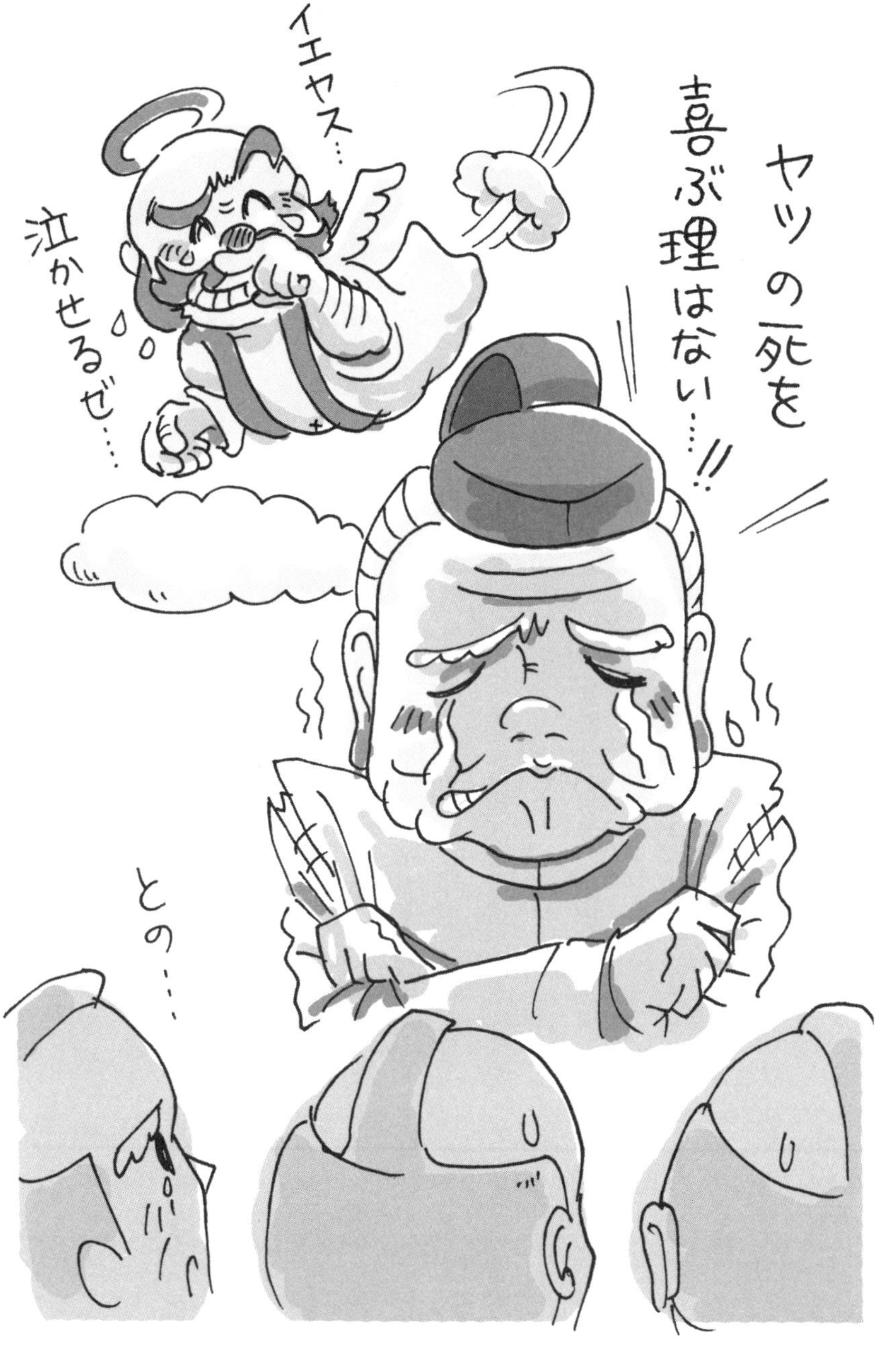
ヤツの死を
喜ぶ理はない……!!
イエヤス…
泣かせるぜ……
との…

10 サムライ社員の条件

■サムライ4つの条件

支援先の企業には、数多くの「サムライ」がいます。彼らの共通項を4つの条件としてまとめてみました。

・条件1：会社に快感（＝利益）を与えた後で、自分が快感（＝報酬）を得られることを知っている。

サムライ社員は、自分の給料の3倍以上の粗利益を稼ぎ出します。数字・結果に対する評価を是とし、そこに至る過程で言い訳をしないプロフェッショナルです。もちろん、自分の上げた実績数字を、毎日、毎月自分で管理しています。それは、製造スタッフでも同じです。

・条件2：「他人がどうあるべきか」ではなく、「自分がどうあるべきか」を問題とする。

サムライ社員は、うまくいかないときに、決して「景気が悪いから」とか「部下のレベルが低いから」などと自分以外に要因を求めません。たとえば、部下が思うように動いてくれないという問題点があった場合、その部下に対して不満を言う前に、「なぜ彼は動いてくれないのか。上司として、自分の姿勢に何か問題はなかったか」をまず考えます。ですから、肩書きや権力を振りかざさなくても、自然と人がついてきます。

・条件3：現在、日常業務のなかで「自分ができること」の延長線上で仕事をするのではなく、「着地点」から逆算して行動を決める。

「○年後に××をする」。そのために、今△△をするという目的意識が高い社員です。「できない理由」を探すのではなく、それを達成するためにどうすればよいのかという「できる理由」を探します。目的が明確なため、どうすれば現状を改善できるのかを、常に考えて行動しています。

・条件4：自分の生活向上以外のことに、お金と時間をつかう。

部下とのコミュニケーションにつかうお金が半端ではない親分肌のリーダーや、スキルアップのために年収の20%以上をつぎ込む向上心の強いリーダーもいます。

お金と時間のつかい道は、その人の人生を決定づけるといっても過言ではありません。

現代によみがえるサムライたちの生きざま

条件一、

会社に快感（＝利益）を与えた後で、自分が快感（＝報酬）を得られることを知っている。

条件二、

「他人がどうあるべきか」ではなく、「自分がどうあるべきか」を問題とする。

条件三、

現在、日常業務のなかで「自分ができること」の延長線上で仕事をするのではなく、「着地点」から逆算して行動を決める。

条件四、

自分の生活向上以外のことに、お金と時間を使う。

- 90日間・売上アップ行動計画の例〈広告代理店の場合〉
- 90日間・売上アップ行動計画の例〈リサイクルショップの場合〉
- 90日間・売上アップ行動計画の例〈畳店の場合〉
- 90日間・売上アップ行動計画の例〈クリーニング店の場合〉

資料編

90日間売上アップ
行動計画のサンプル

1章	90日間で売上を1.5倍にするマーケティング計画を作ろう！

関わり方の具体的事例		お客様	
		新規顧客	既存顧客
自分	商品	2章	3章
	販促	4章	5章
	店舗	6章	7章
	人	8章	9章

資料編	90日間売上アップ行動計画のサンプル

90日間・売上アップ行動計画の例〈広告代理店の場合〉

3ヶ月粗利・1億円突破計画

	営業部（各課、既存顧客へのフォロー（月1回以上の面談）を強化！「セールスデザイナー」育成を！） 1課	2課	3課	ウェブ課	マネジメント（社内体制）
4月 粗利目標 3000万円	**名刺・ハガキの集中営業** ・メール配信 ・DM ・TELフォロー（3000～4000件） →まとめ印刷によるコストダウンを強調 新規目標30件	**整骨院向け販促ツールパッケージ** ・セミナー開催 ・DM&TELフォローによる集客（目標50社） ↓ **見込客フォロー**	**携帯メール配信代行サービス** ★現得意先 約1500社へ	**連携**	**営業マニュアル作成スタート** ・プロジェクトメンバー決定 ・新人の早期戦力化を目指して作成 ●我社の目的（1章）
5月 粗利目標 3500万円	**情報誌の作成 VOL.32 1500部**	**新規開拓集中月間** 目標開拓件数、50社以上。 新入社員を主体としたTELアポ&飛込み営業	・情報誌への掲載 ・パンフレット作成→営業へ ・得意先へのお知らせDM	**自社サイトの抜本的リニューアル** ・SEO対策を本格的にスタート ↓ ノウハウ構築・得意先へ波及させる	将来（5年後）の我社の姿を言葉と数字で表現する ●営業の業務フロー（2章）
6月 粗利目標 3500万円	**モデル企業への視察旅行 地域新聞&ポスティングサービス実施の検討**		**新規開拓集中週間** 目標開拓件数、20社以上。	↓ **営業部の商品を随時WEB上へアップ**	営業マン3～4名の1日の仕事の流れとポイントをまとめる ●我社のマーケティング（3章）
	プライベート展示会の実施（1課～3課） 集客人数200名以上 出展商品の決定／総合パンフレット配付				
3ヶ月合計 粗利1億円	粗利 3500万円	粗利 3000万円	粗利 2500万円	粗利 1000万円	――

90日間・売上アップ行動計画の例〈リサイクルショップの場合〉

売上20％アップのための90日間行動計画

〈昨年売上6～8月：2700万円→今年目標　3200万円〉

目標達成のための重点実施事項▶ ①集客数アップ＋②店内販促＋③組織体制の整備

	集客戦術：新規顧客	集客戦術：既存顧客	店内販促（買上率アップ＋客単価アップ＋リピート率アップ）	組織体制の整備 その他
6月 売上目標 1000万円	●チラシ（ウキウキSALE） 約3万枚 ＋ 窓POP、垂れ幕と連動させる		●家具×雑貨×ギフトのコーディネート売場を10ヶ所以上作る ↓ 売れ行きチェック 中元需要を狙う ●ギフト買取り作戦スタート ①店頭イーゼル ②手配りチラシ ③店内マイク放送 ④買取り強化中ポスターを掲示 ⑤ひと声かけ 買取り時にも「ありがとうございました」	●部門別担当者制度のスタートに向けての会議をスタート ○家電 ○家具 ○衣類 ○ギフト ○その他 兼任OK ↓ 9月末までに決定
7月 売上目標 1000万円	●タウンページの改訂時期 価格、店舗写真、特典、出張サービスを追加する	過去、ギフト持込み顧客へ買取りDM 約1000通 暑中見舞い兼夏休みセール企画DM 約2000通		●お客様感動会議 仕事をしていて、最もうれしかったこと、やりがいがあったことを発表 →全員で共有する
8月 売上目標 1200万円	●チラシ（夏得SALE） 約3万枚 ●チラシ（夏休みラストSALE） 約3万枚	DM未反応客にTELフォローを実施	●買取りランキング・ベスト10ポスターを貼り出し ●新着情報を店頭ポスターに3日に1度のペースで貼り出し ＋ 店内マイク放送でそのつど、発表	●買取り伝票の変更 不要品・購入希望品をヒアリングするスペースを作成する ↓ 個別の買取りDM発送のための準備として実施
3ヶ月合計	売上3200万円			

春▶夏の売上1.5倍実行計画

	チラシ・DM等	その他取り組み事項
6月	**春の畳&内装まつり・ダイレクトメール** ●今すぐ発送!! ●700通→受注目標10〜15件	**お礼状** ●別紙サンプル参照 ●定型文を作成し、宛名書きをする ●今後、全顧客に対し、仕事が終わったら発送していく
7月	**畳替え・無料プレゼント・TV出演** ●当日コメントに「はずれた方にも畳替え大幅割引券が当たります!」を入れる ●パネルには、大きくTEL番号を載せる〈パネルは畳〉 ●TEL受付で、氏名・住所・TELをしっかり聞く→（受付票を準備） ●落選者にチラシ＋あいさつ文を郵送する	**新聞販売店別・チラシ反響簿を作る** ●サンプルコピーを参考に作成 ●正確に地域ごとのチラシの当たりはずれを把握し、ヒット率を上げていく! ↑ **受注確認書を作成・活用** ●一度、自社バージョンを作成し、使い勝手がよければ3枚複写式で利用する ●TEL受注〜成約まで一元管理する
8月	**梅雨明けチラシ　2003・サマーセール** ●配布枚数　20,000枚 × 2回 = 40,000枚 ●投入時期 梅雨明けズバリその日と27日（日）の2回 ●セール期間　本日スタート ▼ 8月末まで **春のチラシの改善点** 1.カラーをクリーム地に黒文字へ 2.営業エリアを地図にする→ 3.地域名を店名の上に必ず入れる 4.裏面に、襖・障子等の価格表を入れる	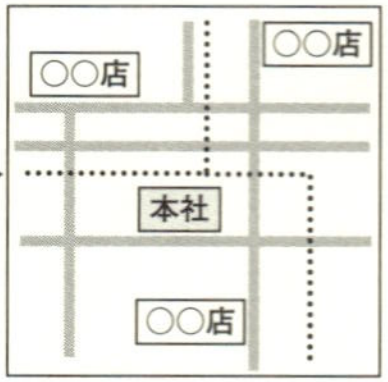 **梅雨どきの畳のお手入れ法** ●別紙サンプルコピーと挨拶文 ●畳替え後1年以内の顧客／新築後1年以内の顧客　に対して発送する
9月	**敬老の日・特別割引チラシ** ●配布枚数　20,000枚 ●投入時期　9／7（日）特典10%OFF	**タウンページのリニューアル** ●1／4サイズ、月2万円　→　月2件受注目標 ●サンプルを参考に作成してもらう →完成したら、校正する!!

90日間・売上アップ行動計画の例〈クリーニング店の場合〉

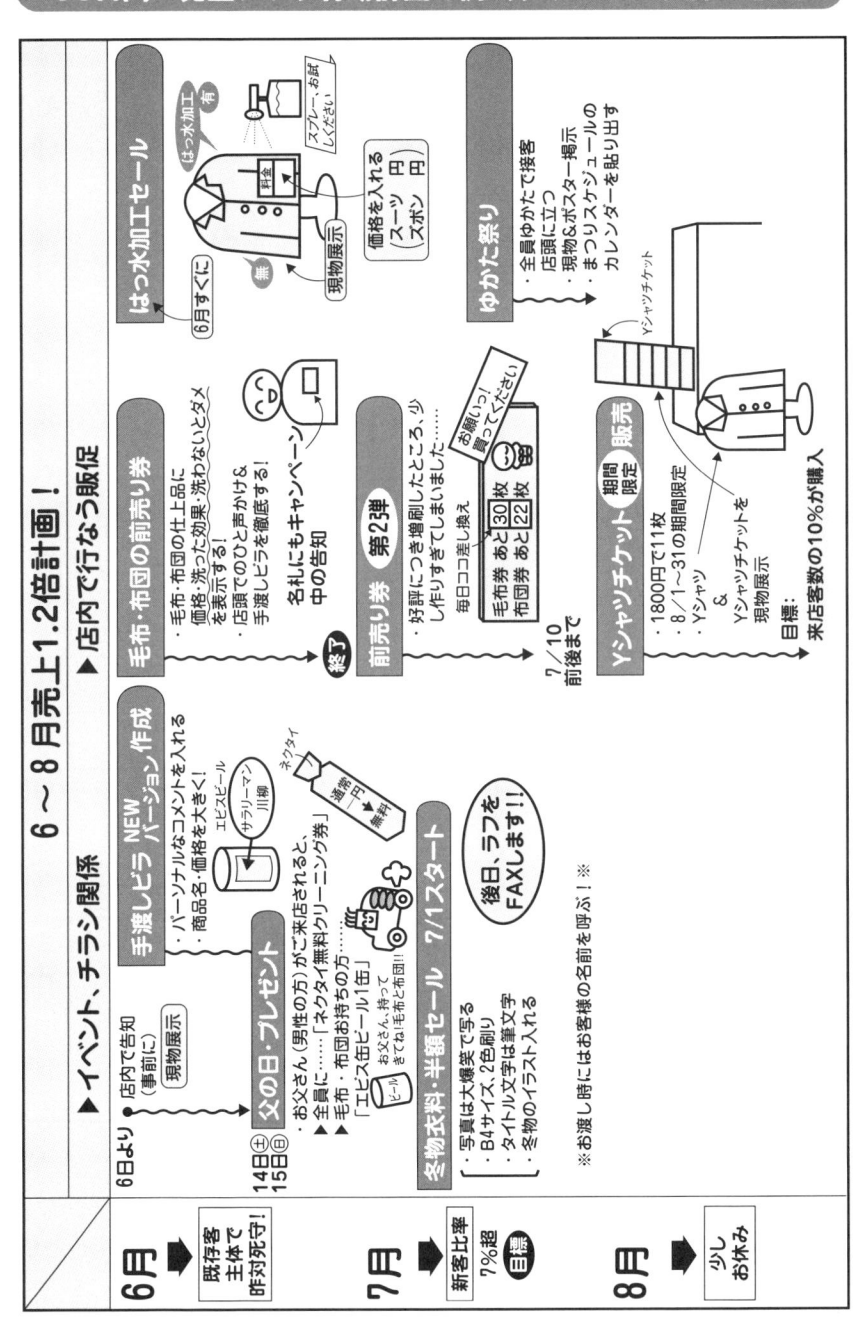

6～8月売上1.2倍計画！

	▶イベント、チラシ関係	▶店内で行なう販促
6月 ↓ 既存客主体で昨対死守！	6日より 店内で告知（事前に）現物展示 **手渡しビラ NEWバージョン作成** ・パーソナルなコメントを入れる ・商品名・価格を大きく！ （エビスビール／サラリーマン川柳） 14日㊏15日㊐ **父の日・プレゼント** ・お父さん（男性の方）がご来店されると、 ▶全員に……「ネクタイ無料クリーニング券」 ▶毛布・布団お持ちの方……「エビス缶ビール1缶」 （ビール／お父さん、持ってきてね！毛布と布団!!） （ネクタイ 通常□円→無料）	**毛布・布団の前売り券** ・毛布・布団の仕上品に価格・洗った効果・洗わないとダメを表示する！ ・店頭でのひと声かけ＆手渡しビラを徹底する！ 名札にもキャンペーン中の告知 終了 **はっ水加工セール** 6月すぐに （はっ水加工 有／無／料金／現物展示／スプレー、お試しください） 価格を入れる（スーツ　円）（ズボン　円）
7月 ↓ 新客比率7％超 目標	**冬物衣料・半額セール　7/1スタート** ・写真は大爆笑で写る ・B4サイズ、2色刷り ・タイトル文字は筆文字 ・冬物のイラスト入れる 後日、ラフをFAXします!! ※お渡し時にはお客様の名前を呼ぶ！※	**前売り券　第2弾** ・好評につき増刷したところ、少し作りすぎてしまいました…… 毎日ココ差し換え 毛布券 あと 30 枚 布団券 あと 22 枚 お願いっ！買ってください 7／10前後まで **ゆかた祭り** ・全員ゆかたで接客店頭に立つ ・現物＆ポスター掲示 ・まつりスケジュールのカレンダーを貼り出す
8月 ↓ 少しお休み		**Yシャツチケット 期間限定 販売** ・1800円で11枚 ・8／1～31の期間限定 ・Yシャツ＆Yシャツチケットを現物展示 （Yシャツチケット） 目標：来店客数の10％が購入

この面をコピーしてご利用ください

FAX 06-6377-4279　中西宛

「自分で作る！　90日で売上を1.5倍にするマーケティング計画」

著者・中西正人が気の向くままに書いている

コンサルティング・レポート 無料プレゼント

本書をお買い上げいただきまして、ありがとうございました。

私が定期支援先や勉強会メンバーに向けて、不定期に書いているレポートを、ご希望の方にお送りいたします。

もう少し「町医者的・実践コンサルティングの世界」を知りたい方はお気軽にお申込みください。

御社名:	**業種:**
お名前:	**ご役職:**
ご住所: 〒	
TEL:	**FAX:**
E-mail: @	
●ご感想、ご質問、ご相談などございましたらご記入ください。	

著者略歴

中西　正人（なかにし　まさと）

1972年、兵庫県加古川市生まれ。

県立加古川東高校、同志社大学を卒業後、1995年、㈱船井総合研究所へ入社。

「腕は一流、人気は二流、ギャラは三流」をモットーに活躍する、町医者的な反骨の経営コンサルタント。

「勝利のマーケティング方程式」「売上アップの設計図作成」「90日間行動プラン」「売れる販促ツール実践作成」等のノウハウを駆使して、クライアントの経済的・時間的負担を最小に、最大の効果をもたらすことに定評がある。

クリーニング店、畳店、看板店、印刷業、写真館、葬祭業、墓石店、開業医（内科、産婦人科、皮膚科、耳鼻科）等、小さくても、「技」や「心」を大切に生きている業界、経営者・幹部への業績アップ支援を中心に活動している。

定期顧問先は、のべ80社以上、定期勉強会・会員組織メンバーはのべ400社以上、アドバイスをする関係業種は100業種以上を数え、経営者・幹部の参謀役として、全国を飛び回る日々を送っている。

自分でつくる！

90日で売上を1.5倍にするマーケティング計画

平成17年2月10日　初版発行

著　者 —— 中西正人

発行者 —— 中島治久

発行所 —— 同文舘出版株式会社

東京都千代田区神田神保町1-41　〒101-0051
電話　営業03（3294）1801 編集03（3294）1803
振替00100-8-42935

　ISBN4-495-56701-2

印刷／製本：東洋経済印刷　Printed in Japan 2005